Einleitung	3
Vorwort und Einladung	9
Weißt du noch, wie Kirschen schmecken?	12
Station „Angstberg"	21
Neues Leben	34
Erst kommt der „Shunt" und dann die Schandtaten	44
Haltepunkt der Shunt-Taten	48
Station: Auf Station oder „unter uns"	52
Station: Bewährungszeit mit Abstürzen	58
Station: „Shunt-Taten"	62
Station: einmal Würzburg und zurück	70
Station: Steigende Werte	85

Station: Straffere Zügel	86
Haltestelle: Klopfzeichen	92
Eine Nacht mit Vollpension…...	98
Moni-Gedichte	108
Die Gedichte von Rita Limburg	112
Gedichte von Bärbel Drynda	119
Beispiele von Selbsthilfe	127
Auszüge aus Kalender 2008	
Tagebuch-Auszug von B.D. 2008	148
Ausdrucksmöglichkeiten als Selbsthilfe	
Nachwort	154

alle gemalten Bilder von Monika Kummer

Einleitung

Weißt du noch wie Kirschen schmecken? Betitelte meine Freundin Monika Kummer dieses Büchlein, das sie zu ihrem *Leben mit dem Kranksein* schrieb. Ein dezenter Hinweis darauf, dass sie in einer Zeit, als sie so krank war, das sie regelmäßig zur Dialyse gehen musste, einen Teil ihres Geschmackssinnes verloren hatte. Sie schrieb sich darin viele bedrückende Krankheitserlebnisse, aber auch deren gelungene Bewältigung von der Seele. Damit wollte sie vor allem – wenn sie von Ihr und Euch schreibt - die Mitglieder der Selbsthilfegruppe (SHG) für Nierenkranke und deren Angehörige ansprechen; knapp 2 Jahre nach ihrer erfolgreichen Nieren-Transplantation hatte sie mit neuer Zuversicht und Schwung diese Gruppe im März 1991 in Mannheim gegründet .

Der Wunsch und die Idee waren entstanden, weil sie die Erfahrung gemacht hatte, dass Menschen mit (ähnlichen) Krankheiten und Behinderungen offener mit den Folgeproblemen umgehen können, darüber sprechen und sich gegenseitig Tipps geben; sie wollte sich aber auch mit ihren Gefühlen der Angst und Einsamkeit, die sie bei allen neuen 'Stationen' ihrer Krankheit verspürt hatte und mit dem Sichnichtverstandenfühlen in ihrer Situation als chronisch Kranke mit Menschen austauschen, die ähnlich fühlten und entsprechende Diagnosen und Behandlungen hinter sich oder auch noch vor sich

hatten.
In dieser Selbsthilfegruppe war ihr aufgefallen, wie viele Mitglieder resigniert waren und sich in Selbstmitleid ergingen. Ihnen wollte sie Mut machen und zeigen, dass sich Bemühungen *'im Leben zu bleiben'* lohnten. Sie selbst fand in den Anfängen ihrer Krankheit eine langjährig Betroffene, mit der sie sich gegenseitig ermutigend austauschte. Mit einem Teil dieses Briefwechsels beginnt sie die nachfolgende Abhandlung.

Mit ihren niedergeschriebenen Gedanken berührt Monika Kummer Themen wie Verantwortung und Selbstverantwortung, Vertrauen zwischen Arzt/Ärztin und Patient/Patientin, Grenzen technischer und medikamentöser Behandlung, Transplantation, die heute noch, bzw. wieder sehr aktuell diskutiert werden. In den Medien begegnen mir Beschreibungen von Missständen in Kliniken, wie z.B. falsche Medikamentengabe, aber auch von neuen Ideen und Projekten zu deren Behebung; oder Berichte über Organhandel und Pannen bei der Vergabe von Organen und auch Vorschläge zu dessen Verhinderung.
M.K. lag also richtig, wenn sie sich in den Krankheitsjahren interessiert und kritisch verhielt, aber auch um Verständigung mit Ärzten und dem Personal bemüht war.
Durch die Veröffentlichung lösen wir ein unausgesprochenes Versprechen ein.

Wir, das sind ihr späterer zweiter Lebenspartner, der sie bei allem Auf und Ab mit der Krankheit und bei ihren zahlreichen Krankenhausaufenthalten täglich begleitete, und ich, eine Freundin, die sie schon in ihren gesunden Lebenstagen kennengelernt hatte und ihr in vielen Lebenslagen zur Seite stand.

Monika machte immer wieder Ansätze, ihre Aufzeichnungen drucken zu lassen, - den ein oder anderen Artikel veröffentlichte sie in der Zeitschrift 'Der Dialysepatient'. Jedoch Folgeerkrankungen, wiederholte Krankenhausaufenthalte forderten ihre ganze Aufmerksamkeit. In ihrem Sinne werden wir diese Abhandlung einer mutigen, tapferen Frau und Patientin herausgeben.

Denn auch jetzt, 6 Jahre nach ihrem Tod am 7. März 2009 halten wir ihren originellen, mutmachenden, literarisch recht einfachen Text immer noch für zu wichtig, um ihn ganz untergehen zu lassen bzw. zu vergessen. Ihre Aufzeichnungen schrieb Monika vor allem in den Jahren 2005/06. Bis 2007, nahezu
18 Jahre lang konnte sie dank ihrer gut funktionierenden transplantierten Niere frei leben, so wie sie es sich gewünscht hatte.

Als Säugling wurde ihr schon eine Niere entfernt. Nach dem langem Krankenhausaufenthalt durften sich zuhause ihre Eltern nur mit weißem Kittel in ihre Nähe wagen um sie zu versorgen. Denn anders wollte sie niemand an sich heranlassen und schrie. Danach wuchs sie gesund und behütet auf, machte

nach der Schule eine Ausbildung als Apothekenhelferin.
Sehr jung, mit etwa 15 Jahren, brach sie dann aus dem liebevoll ängstlich besorgten Elternhaus aus, und ging abends oft in die Disco, um sich frei zu tanzen. Ende der 80er Jahre unternahmen auch wir beide so manches.
Wir hatten uns, Moni 20, ich 31 Jahre, mit Partner auf einer Schiffsreise auf dem Rhein kennengelernt und nie mehr ganz aus den Augen verloren.
Ausflüge, Tanzen, Tischtennisspielen im Park, Feiern, über unsere Männer reden, waren unsere Berührungspunkte.
Als sie krank wurde, suchte sie sich Möglichkeiten der Fortbildung und wir beide nahmen an den Tagungen in Heidelberg zum Thema *Brückenbau zwischen Arzt und Patient* teil. Dort gingen wir in verschiedene Arbeitsgruppen, um uns später darüber auszutauschen. Ebenso begegneten wir uns in der Gruppe der EA (emotions anonymes) und hatten daher gemeinsame Bekannte. Etwa zur gleichen Zeit entwickelten wir Malen und Dichten als unsere Hobbys und lasen uns gegenseitig unsere Gedichte vor. 1988 veranstalteten wir im Frauenkulturzentrum Speyer eine gemeinsame Vernissage zur Ausstellung unserer Bilder.

Links Bärbel, Mitte Monika

Den Verlauf ihres Krankseins erlebte ich von der ersten Vorbereitungs-OP für die Dialyse – legen eines Shunt am Arm im Mai 1981 - , Begleitung zur Dialyse, bis hin zu Besuchen in der Uni-Klinik Freiburg nach geglückter Nieren-Transplantation im August 1989. Ich unterstützte sie bei Aufbau und Durchführung der SHG und später in sehr kritischen Situationen. So war es nur folgerichtig, dass ich sie bei ihrem frühen Abschied von dieser Erde begleiten durfte. Sie hatte im Alter von 54 Jahren ein leichtes Sterben – sie hatte intensiv gelebt.

Eisenberg, Mai 2015   Bärbel Drynda

Vorwort und Einladung

Mit fünfundzwanzig Jahren begann mein Leben mit dem Kranksein.
Diagnose: „Chronische Niereninsuffizienz".
Mein Dasein wurde aus der Bahn geworfen.
Zukunftsängste und Phantasievorstellungen schleuderten meine Ziele und den Sinn meines geplanten Lebens durcheinander.
Die Annahme meinerseits, in kürzester Zeit sterben zu müssen, bewahrheitete sich zum Glück nicht.
Wellenförmig ging es auf und nieder.
Doch als Rita in einem Gedicht Gevatter Tod schrieb: „Ich solle mich beeilen zu leben", begriff ich, mir im positiven Sinne das Leben zu **nehmen,** um so, mit meiner Erkrankung, ein völlig „normaler" Mensch zu bleiben. Auch die so genannten „Gesunden" werden sich an vielen Haltestellen des Lebens wieder finden.
Aus meiner Vergangenheit mache ich kein Hehl, kein Geheimnis. Tabuthemen gehören genauso dazu, wie meine Freiheitsliebe. Das Treffen auf den Gegensatz und eine ungewollte Abhängigkeit.
Ich meine damit: Dialyse, Ärzte und Pflegepersonal, Maschinen, Techniken und ungelöste Nadeln...,
die sich erst nach erfolgreicher Transplantation verringerten. Das defekte Leben ist eine Begleiterscheinung mit Hindernissen und Folgeerscheinungen. Rückt aber auch immer wieder in den Hintergrund. Liebe, Sex,

Tablettenabhängigkeit, therapeutische Begleitung, sowie Freunde, Familienbande, Ehe und Verletzungen bis hin zu dem Verlust meines toleranten Ehemannes gehören genauso dazu, wie Euphorien, Depression in Begleitung von Ängsten. Der Unterschied zwischen „normal Sterblichen" und „Wellensterblichen" ist, bei weitem nicht zu groß, um einen Weg zueinander zu finden. Der Graben liegt nur in der Unwissenheit voneinander.
Drum lasst uns eine Brücke bauen! Wir sind doch alle nur Menschen, und wo Menschenkinder aufeinander treffen da „menschelt" es. Alle, oder fast alle Erdlinge haben Gefühle. Manche sind sensibel und schüchtern, andere wiederum sind pure Porzellantrampel. Verschwendung, Sucht, Machtgier sind überall auf unserer großen Kugel zu finden. Wesen mit vielen Gemeinsamkeiten in der „Drehtür des Lebens," ob etwas lädiert oder springgesund. Abwechslungsreich ist die Palette dabei allemal. Drum sollte das Vorwort eine Einladung zum Mitbegleiten und Brücken bauen sein. Frei von jeglichen Vorurteilen. Ob weiß, schwarz, gelb, braun oder rosa, gesund oder krank, groß oder klein .Wir befinden uns alle im kleinen Lebenskarussell. Wichtig für uns alle ist, sofern wir im Irdischen verweilen,

Zitat von Georg: *" im Leben zu bleiben."!*

DAS MEER

Manchmal brausend und tobend. Welche Gewalt.
Erde verschlingend „ wie ein Tier".
Dann wieder sensibel und leise,
als wolle es zur Stille mahnen.
Ursprung und Anfang.
Ebbe und Flut.
Ein Kreislauf in sich.
Der Mensch wird es zum Ende zwingen.

Wenn das Meer nicht mehr lebt,
wird das bisschen Mensch auch nicht mehr sein.

Spanien, 27.10.1988 Monika Kummer

Weißt du noch, wie Kirschen schmecken?

Von Monika Kummer

Gestern hat Rita geschrieben. Du sagst mir, ich solle unbedingt weiterschreiben. Nun, liebe Rita, - und an alle Ritas egal welchen Namens -, ach meine Liebe, das will ich ja. Aber weißt Du, wie schwer es ist, einen Anfang zu finden? Wochenlang auf der Suche. Wo, an welcher Haltestelle meines Lebens stehen bleiben, zurückschauen, verweilen und dann wiederkommen ins Heute, ins Jetzt und ins Neue, wieder anfangen.
Wen will ich ansprechen? Wer soll das lesen? Und warum überhaupt? Es gibt doch schon genug Geschriebenes. Doch mein Wunsch zu schreiben ist größer als alle Vorbehalte. Ein Buch, ein Teil meines Lebens, mein Leben mit meinem Kranksein. Ich bin nicht allein, und vielleicht finden sich andere Betroffene zu einem gemeinsamen Miteinander. Miteinander sein ist schön. Da kann ich wieder sagen: Ich bin nicht allein.
Es ist so gut, dass ich Dich kennen lernte. Ich brauche Deine Aufmunterung weiter zu schreiben. Wir haben so viele ähnliche Stationen durchlebt und wollen weiter im Leben bleiben. Zwei Patientenmenschen wollen im Leben bleiben.
Meine Liebe, Du bittest mich zu erklären, was ich mit dem „Im-Leben-bleiben" meine. Ich versuche es einmal in Worte zu fassen:

Im Leben bleiben, heißt für mich, nicht nur am Leben bleiben, ein am-Rande-Stehen, Zuschauer-Sein sondern, in der Mitte stehen, auch einmal Mittelpunkt sein, aber nicht **der** Mittelpunkt.
Einfach mitmachen, dabei sein, jetzt, hier und heute. Eine Art um-mich-herum-Haben, Menschen, Natur und - mein kleines Ich. Ohne Furcht, ohne Angst, denn es geschieht mir nichts. Es ist für mich kein Wagnis mehr. Ein Kreislauf um mich herum, der schützt, gleichzeitig aber auch Türen öffnet.
Ein Weg zu Euch, ein Weg zu Euch allen. Nein, ich kann nicht herunterfallen. Ich bin nicht so nahe am Rand. Kein Abgrund tut sich vor mir auf. So ein bisschen geborgen, wie im Mutterleib, im Leib des Lebens. Verstehst Du, was ich meine?
Nun so, einfach die Freude am Leben. Sicher, wir beide kennen Tage, an denen uns Depressionen und das Traurigsein wieder einholen, aber ich denke, dass wir, wenn es uns gut geht, das Leben genießen sollten, ausschöpfen und eben einfach so im Leben bleiben.
Du erinnerst Dich an meine Gruppengründung am 21. März 1991 (Selbsthilfegruppe chronisch Nierenkranker). Da waren noch mehr Patientenmenschen. Es war hoffentlich kein wild gewordener Patientenhaufen, wie Georg einmal sagte. Georg, unser Begleiter. Wir wollen doch kein Schrecken aller Docs und Profs werden!
Menschenfischen macht mir großen Spaß. Dir auch?

Wie geht es Deinem Kind (Niere)?

Über meine Erlebnisse beim Brücken bauen als Betroffene zum Thema Ethik schrieb ich: 'Irgendwie eins werden und doch zwei bleiben.' Für mich habe ich das so gelöst. 'Ihre Niere ist von einem jungen Menschen', sagten mir die Ärzte nach meiner Transplantation.

Als die Niere in meinen Körper kam, war sie noch klein. So nahm ich sie zunächst wie ein adoptiertes, später wie ein eigenes Kind an. Nicht als Eigentumsondern in Gleichberechtigung mit mir und meinen anderen Organen. Ein bisschen hat sie schon eine Sonderstellung, denn so liebevoll spreche ich nicht mit meinen anderen Organen (obwohl ich das auch tun sollte). So ist meine Niere bei mir groß geworden, gewachsen, ein Teil von mir geworden. Und wenn ich auch weiß, dass sie vielleicht nur begrenzte Zeit lebt, so muss ich doch um so lieber zu ihr sein, denn ich würde doch ein Kind nicht schlechter behandeln, wenn ich wüsste, es lebte nicht so lange wie meine anderen Kinder. Im Gegenteil, ich würde es verwöhnen und — immer etwas ängstlicher als bei den anderen — jeden seiner Schritte beobachten.

Wie **spreche** ich mit meiner Niere? Manchmal wache ich morgens auf, sehe meinen Mann, mich; ich denke, spreche, die Hand auf meinen Unterbauch gelegt, 'wie schön, dass wir alle drei wieder wach sind.' Wobei das Dritte in meiner Vorstellung das Kind ist. Es lebt. Und die Niere funktioniert. Und ich möchte, dass es sich bei uns wohl fühlt. Und wenn es mal drückt, dann frage ich, 'was ist, mein Schatz?' Es kommt vor, dass ich aufstehe und mein Kind wiege. Oft meine ich, das Nierlein spürt das und wird wieder ruhig. Es mag es, wenn die Sonne auf meinen Bauch scheint. Nicht selten sage ich, 'uns geht's gut.' Ein Rundumwohlbefinden stellt sich dann ein. Als ich letztens Geburtstag hatte, gratulierten viele Freunde mit, 'alles Gute für Dich und Deine Niere!' Früher habe ich meine Phantasie zu negativen Verstärkungen missbraucht. Die gleiche Kraft kann ich heute immer positiver einsetzen.

Also, liebe Rita, ich frage Dich noch einmal, wie geht es Deinem Kind? Ist das bei Dir ähnlich? Schreib' mir doch mal, wie Du mit Deinem adoptierten, vielleicht auch schon ganz mit Dir verbundenen Kind lebst. Am 1. August 1991 hatten ich und mein Kleines zweiten Geburtstag. Es war gerade an einem Gruppenabend der Selbsthilfegruppe chronisch Nierenkranker. Wir haben auf meinen zweiten Geburtstag angestoßen. Aber es war mir gar nicht gut an diesem Tag. Eigentlich war es mir schon eine ganze Woche nicht gut. Ich war in einer traurigen Verfassung. Und komisch, liebste Freundin, das letzte Jahr ging es mir genauso. Auch eine Woche vor meinem ersten Geburtstag. Ja, es war wie dieses Jahr. Ich fühlte mich schlecht. Es sind die gemischten Gefühle, die mich dann quälen. Ich denke, Du kannst das gut nachempfinden. Vor dem Geburtstag feiern durchlebe ich immer eine Beerdigung. Dieses Jahr, als es mir nicht gut ging, habe ich einmal

aufgeschrieben, was ich empfunden habe, was mir so durch den Kopf gegangen ist. Ich glaube, ich schreibe es Dir einmal. Ich habe es genannt „Der Todestag und die Geburt".
Ich sitze hier beim Griechen um die Ecke und muss daran denken, dass heute für eine Familie ein ganz trauriger Tag ist. Heute vor zwei Jahren lebte er oder sie noch. Ein paar Stunden nur. Es war ein kleines Mädchen oder ein kleiner Junge, der um die Uhrzeit vielleicht noch lustig umher tollte, voller Lebensfreude. Gehüpft, gesprungen, gesungen. Er konnte mit seinem Lachen alle Menschenherzen erfreuen. Die Kinder, aus denen unsere Zukunft besteht. Ja, ich trauere mit Euch. Ich kenne Euch nicht. Ich kenne diese Familie wirklich nicht.
Und dieses Kind eigentlich ebenso wenig. Oder doch? Bestimmt hatte es blonde Locken, blaue Augen. Was mag damals wohl geschehen sein? Ist es in ein Auto gelaufen? Aus dem Fenster gefallen. Ich stelle mir schlimme, ganz fürchterliche Dinge vor, und ich bekomme Gänsehaut. Wie alt warst Du, Kind? Und das ganze von meinem Kind. Zwei, drei, vier Jahre? Und wie war sein Name? Aber möchte ich das wirklich wissen? Ich muss nachdenken. Nein, ich glaube, ich möchte das gar nicht wissen. Ich glaube, ich kenne Dich. In meiner Vorstellung kenne ich Dich, das weiß ich. Die Kinder, die unsere Zukunft sind. Auf makabre Weise bist Du auch meine Zukunft, mein Heute. Dir und Deinen Eltern habe ich es zu verdanken: meine Zukunft.

Ja, mitten in der Nacht am 1. August vor zwei Jahren, da rief die Klinik an. Neun Stunden waren vergangen nach Deinem Tod. Also zwischen fünf und sieben Uhr, siebzehn und neunzehn Uhr vor zwei Jahren, solltest Du Deine Augen nie wieder aufmachen. Das Telefon klingelte um halb drei in der Nacht. Es war mir schon ganz komisch zumute, als das Telefon klingelte. In dem Moment dachte ich, entweder ist jemand gestorben oder es ist eine Niere da. Und ich glaube, einen ganz kleinen Augenblick …, dann aber nahm ich den Hörer ab. — 'Frau Kummer?' — 'Ja', sagte ich. — 'Es ist eine Niere für Sie da!' — Eine Niere von Dir, mein Kind. Gut werde ich aufpassen auf Dich, auf unsere Niere. Du bist tot, Kind, aber ein Teil von Dir lebt — lebt in meinem Leib. Und manchmal denke ich, das Nierchen hätte eine Seele. Wir haben doch eigentlich alles nur geliehen; unser ganzes Leben. Unser Leben als Leihgabe. Und wir sind endlich. Ich genau wie Du, mein Kind. Liebe Rita, Du schreibst - ich zitiere aus Deinem Brief: 'Deine Gedanken zum Sterben: toll! Es ist mein Lieblingsthema. Nur, niemand redet gern darüber.'
Zum Schluss musste ich aber noch etwas fragen. 'Ich möchte bestimmt nicht ewig leben, aber morgen sterben möchte ich auch nicht. Und ich bin sicher, ich sage morgen das gleiche. Herr Professor, was ist das eigentlich?' Darüber lachend konnte aber auch er mir keine richtige Antwort geben.
Viele Gedankenanstöße habe ich im 'Arbeitskreis

Brückenbau' zwischen Arzt und Patient bekommen, und ich konnte gar nicht mehr abschalten. Schön wäre es, wenn mehr Patientinnen und Patienten sich ans Brücken bauen wagen würden. Unsere Sprachen sind ja gar nicht so verschieden. Das durfte ich im Laufe dieses Arbeitskreises erfahren.

Mein Leben mit meinem Kranksein hat mich zu einer intensiveren Lebenseinstellung gebracht. Und ob ich mein Leben so, wie es ist, annehme oder nicht - es ist und bleibt mein Leben. Drum nehme ich es lieber an. Ohne mein Kranksein wäre ich nicht so im Leben. **Es ist gut, im Leben zu bleiben.** Für mich ist es kein Wagnis mehr, ich habe Deinen Brief vor mir Rita Du schreibst, 'übrigens, von mir gibt es auch ein Bild, so nebenbei im Unterbewussten gezeichnet, mit Beschreibung als Gedicht. Ich zeige es Dir einmal. Es hat mich an Dein Werk erinnert. Ich verfasste es während der Dialyse. So wie ich oft während der Dialyse schrieb. Ich fand, gerade in diesem Zustand war ich sehr kreativ und vor allem sehr sensibel, - ich empfand viel stärker als normal. Kennst Du das auch?'
Also ich war während der Zeit, die ich in der Dialyse lag, nicht besonders aktiv, denn ich habe meistens geschlafen. Oder mein Blutdruck war gerade im Keller. Ja, die Dialysezeit! In vergangener Zukunft. Oder was meinst Du? Wie hat das alles angefangen? Ich nenne es, das ist ein von mir ausgedachtes Wort, den Drehfalzkreisel.

Und ich komme nun langsam zu meiner ersten Station. Mein Leben ist ein Kapitel für sich, in Stationen eingeteilt. Dein Leben ist auch ein Kapitel für sich. Jedes Leben eigentlich, oder? Jetzt komme ich also zur ersten Station.

Station „Angstberg"

- Das ganze war ... 1978. Als dieses Wader-Konzert war. Im Mannheimer Rosengarten... -
Schon als Kleinkind hatten Ärzte, Schwestern und Pfleger ihr Vergnügen mit mir. Ich war sechs Monate alt, da haben sie mir schon eine Niere herausgenommen. 'Und schreib' auch mal, was wir für eine Angst hatten', sagte meine Mutter gestern am Telefon, 'und wie wir, ohne uns abzusprechen, gleichzeitig im Krankenhaus waren. Und froh waren wir! Dass alles so lange gut gegangen ist. Dass das alles so kommen musste. Warum ausgerechnet Du?' Wie viele kranke Menschen das wohl ständig im Gefühl des Selbstmitleids immer wieder sagen. Und wie viele Eltern, Großeltern, Tanten und Onkel — vielleicht Dreiviertel der Menschheit? Aber hat das „Warum gerade ich? Warum gerade Du?" schon irgendeinem kranken Menschen geholfen? Ich glaube nicht. Was ist, ist. Fertig, aus. Und wir kommen nicht darum herum. Ob ich mein Leben annehme oder nicht - es ist und bleibt mein Leben. Darum nehme ich es lieber an.

Das war aber nicht immer so. 1978 habe ich erfahren, dass sich mein Leben ändern wird. Abhängig sollte ich werden, ohne es zu wollen. An eine Nierenmaschine angeschlossen, dreimal in der Woche, drei, vier, fünf Stunden lang. Jedes Mal neu sollten zwei dicke Nadeln sich durch meinen Arm bohren. Unvorstellbar. Kaum konnte ich glauben, dass ich so etwas überleben könnte. Und alles fing doch mit einer harmlosen Blasenentzündung an. Wer ahnt das schon? Eine Blasenentzündung. — 'Können Sie uns Wasser lassen?' Und 'da wollen wir mal röntgen!' — Wie oft ich noch „da wollen wir mal" hören würde, habe ich zu dem Zeitpunkt nicht gewusst. Und wie oft ich gar nicht wollte, wissen meine Ärzte heute aber allzu gut.

Das Kontrastmittel tropft langsam, und mir wird warm. Meine Hände werden feucht. „Einatmen, ausatmen, nicht mehr atmen." Das ganze wiederholt sich. Ich sehe Sternchen an der Decke! „Drehen Sie sich bitte auf die Seite. Einatmen, ausatmen, nicht mehr atmen". Das ganze begleitet von einem surrenden Geräusch. „Sie können sich anziehen, ich rufe Sie dann auf." Und meine Blase brennt. Dauernd habe ich das Gefühl, ich müsste pinkeln. Dieser ekelhafte Druck. Hoffentlich verschreibt mir der Doc was. Mir ist ganz schlecht vor Schmerzen. Hoffentlich dauert es nicht mehr so lange. Ich schleppe mich ins Wartezimmer und stolpere über den Türabsatz. Die Zeit will nicht vergehen. Der da drüben, der Lange, sieht auch schmerzgeprüft aus. Irgendwie erinnert er mich an einen Hering oder Bückling. Max, mein Mann, sitzt neben mir. Er sitzt da, einfach so, und sagt nichts. Die Tür geht auf und... nein, der Bückling kommt vor mir. Die Zeit zieht sich wie Kaugummi. Warten — wo ich doch

wirklich nicht die Geduldigste bin.
Röntgenaufnahmen sind aufgehängt. Sie sind von mir und meiner Niere. Warum sieht mich der Meister an, als würde er etwas nicht verstehen? — „Also, Frau Kummer, merkwürdigerweise hat sich trotz Kontrastmittel die Niere nicht richtig abgebildet. Sie ist doch noch drin?" — Blöde Frage, denke ich. Ohne könnte ich ja gar nicht leben. „Frau Kummer, das ganze kommt mir sonderbar vor. Ich schicke Sie einmal ins Labor gegenüber. Dort lassen Sie sich Blut abnehmen. Und kommen Sie morgen um fünfzehn Uhr wieder. Dann habe ich die Blutwerte. Inzwischen gebe ich Ihnen ein Antibiotikum gegen Ihre Beschwerden. Die werden mit Sicherheit rasch besser. Auf Wiedersehen. Also morgen um fünfzehn Uhr. Und gehen Sie gleich rüber!" — Max „bist Du fertig?" — „Ich muss noch zum Blut abnehmen. Gegenüber. Da stimmt was nicht. Hoffentlich ist es nichts Schlimmes. Ich habe Angst. Morgen muss ich noch einmal her." — „Was soll denn schon sein? Mach' Dich doch nicht verrückt! Also, jetzt geh' erst mal rüber!" — „Gehst Du mit?" — „Ach, geh allein. Ich fahr' schon mal vor. Also dann, bis später!" — Ich ging also zur Blutabnahme.
Und am nächsten Tag saß ich zusammen mit Max wieder im Wartezimmer von Dr. X, behaftet mit einem schlimmen Angstgefühl. Als hätte ich einen Kloß im Hals. Ich wagte kaum zu atmen. Ich war nichts und niemand. Es war, als wüsste ich schon, was ich erst in Minuten wissen konnte. Immer

schon, mein ganzes Leben lang hatte ich Angst um diese meine eine Niere. Und vor Jahren, während meiner Lehrzeit, hatte mir schon einmal ein Urologe gesagt: „Sie kriegen einmal Ärger mit Ihrer Niere", und wie lange schon hatte ich Eiweiß im Urin. Es war mir unklar, was dies bedeutete, aber ich hatte das Gefühl: Da stimmt etwas nicht. Es ist ein ganz anderes Warten. Ich starre Löcher in die Wand. Meine Hand krallt sich in die von Max. Er versteht nicht. Kann nicht verstehen. Ich fühle mich unendlich allein. Am liebsten würde ich mich verkriechen. Wie eine Maus, ganz klein. Die Tür geht auf, und die Stimme, die mich ruft, klingt hohl und leer, geht durch mich durch. Ich laufe neben mir her. So ähnlich muß es sein auf dem letzten Gang, und dann: Kopf ab! Ernst klingen seine Worte. Hart das Gesagte. Und richtig meine Befürchtungen. Hoffentlich ist es nichts schlimmes!

Damals hörte ich das erste Mal etwas von Creatinin (Messwert Nierenfunktion). „Ihr Creatinin ist erhöht." – „Und was heißt das?" erkundigte ich mich. – „Sofortige Einweisung in die Klinik. Fräulein Herne, bitte schreiben Sie eine Einweisung für Frau Kummer!" rief der Herr in Weiß mir gegenüber. – „Ist es denn so schlimm?", wollte ich wissen. „Das kann ich nicht beurteilen. Gehen Sie in die Notaufnahme, ich werde einen Nephrologen (Nierenspezialisten) bitten, Sie anzuschauen. Ich bin Urologe und eigentlich nicht mehr zuständig für Sie." — „Ja, aber

soll ich gleich in die Klinik?" — „Ja, sofort. Nehmen Sie sich ein Taxi."
Mir ist zumute, als hätte meine letzte Stunde geschlagen. Ich weinte und stotterte dem lieben Max was vor, der das Ganze gar nicht auf die Reihe brachte. Max versuchte, mich zu beruhigen. „Komm, wir setzen uns erst mal ins Eiscafé." — „Aber ich soll doch gleich ..." — „Na, jetzt mach erst mal langsam!" Ein paar Häuser weiter saßen wir im Café, da am Ring, am Hauptbahnhof, neben dem obszönen Kino. Hinunter brachte ich nichts. Ich wollte, musste in die Klinik. Und schnell. Sonst könnte womöglich Gottweißwas passieren. Wir riefen ein Taxi. Und schon wieder warteten wir, diesmal in der Notaufnahme des Klinikums, auf diesen — wie hieß er noch einmal? — Nephrologen. Wieder warten, schweißgebadet. Fremde, schlimme Befürchtungen standen im Raum. Die Zeit schien zu stehen. Aber merkwürdig — die hatten das gar nicht so eilig. Und ich hatte gemeint, die Ärzte kämen angerannt, weil ich doch so ein schlimmer Fall war, der schlimmste Fall der Klinik. Die Röntgenaufnahmen hatte ich mitgenommen, und so rollte ich, die Bilder in der Hand, auf einem Bürostuhl hin und her. Wieder einmal ging die Tür auf. Ein junger Mann, salopp gekleidet, trat ein und fragte mich nach meinen Daten, betrachtete dann die Röntgenaufnahmen und meinte: „Ja, da kann man noch gar nichts machen. Ihr Creatinin ist 3,2. Ihre Nieren arbeiten nicht mehr hundertprozentig.

Sie müssen damit rechnen, dass Sie irgendwann einmal an die Dialyse müssen." — „Irgendwann! Wann? Zehn, fünf, drei Jahre oder schneller?" — „Das kann Ihnen niemand sagen. Sie werden erst einmal in unserer Nephrologischen Ambulanz betreut. Melden Sie sich Montag dort."
Es wurden viele Montage daraus. Dort begleitete mich eine junge Ärztin. Ihren Namen weiß ich nicht mehr. Eines wusste ich aber, dass ich auf dem Weg in ein anderes, damals für mich unvorstellbares Leben war. Das konnte doch kein Leben sein, bestensfalls ein Überleben.
Das Ganze konnte doch nicht Wirklichkeit sein. So gern wäre ich aufgewacht aus diesem Albtraum, verloren, verlaufen, umgeleitet, wie Rotkäppchen vom Weg abgekommen. Meine Wünsche und Ziele, alles war zusammengebrochen. Mein Lebenstraum wie Glas. Eine Seele wie ein Scherbenhaufen. Und es gab keinen Weg zurück. Alles voll mit Stolpersteinen. Das Leben ist ein steiniger Weg. Ich habe schon viele schöne Steine gesehen. Das habe ich mal gelesen. Selbst heute, obwohl ich mich schon ganz gut auskenne auf meinem angenommenen Weg, spüre ich den Druck im Hals. Ich weiß, dass es heute viele Menschen gibt, die aus irgendwelchen Gründen sich plötzlich auf fremden Straßen befinden. Und ich glaube, diese Einsamkeit zu kennen. Allein sein, trotz allem Drumherum. Keiner kann's nachempfinden.
In diesem Augenblick fehlte mir in meinem

Betroffensein der betroffene Mitmensch. Am liebsten wäre es mir gewesen, einfach nicht da zu sein, ohne sterben zu müssen. Um mich eine Mauer aus Angst, mit einer Scherbenseele aus Glas. Ich begann, an meiner Existenz zu zweifeln. Seltsame Spiele waren in meinem Kopf. Alles drehte sich, in mir, mit mir. Es spielte 'wer bin ich?' Und meine Scherbenseele antwortete, 'ich weiß nicht'. Das machte mir noch mehr Angst. So eine Art Niemandsscherbenhaufen. Der Boden war mir unter den Füßen weggezogen worden. Wände, die auf mich zu kamen und mich zu erdrücken schienen, wo nichts mehr zu erdrücken war. Ich lebte, aber ich war nicht, dann kam die Angst, ein Neben mir sein. Auch Angst vor der Angst, Angst vor mir. Regelrechte Angstanfälle überfielen mich, ganz plötzlich — beim Fernsehen, in der Kneipe, in einer Telefonzelle, in einer Gruppe. Und keiner konnte mir helfen.

Stimmt nicht ganz, meine Gruppenfreunde der Eas (emotional anonymes) haben mir geholfen. Sie halfen mir, indem sie mich annahmen, so, wie ich war. Dort durfte ich soviel Angst haben, wie ich wollte. Ich begann, mit meiner Angst zu sprechen, fragte, was sie wollte. Aber ich bekam keine Antwort. In der Gruppe war ich nicht allein mit mir - der Angst. Da waren andere, die hatten sie auch. Wie in einem Glaskasten saß ich zwischen ihnen. Dort sie, die Fremden und doch Bekannten, klopften und lächelten mir zu. Das tat gut. Einmal, es war Urlaubszeit, machten der kleine Thomas und ich

allein einen Gruppenabend.
Er hat mich lange im Arm gehalten. Obwohl ich diese Art von Körpernähe nicht mochte, hat es mir unendlich gut getan. Da, in dieser Zweiersitzung — wir saßen schon eine Stunde ohne ein Wort — bemerkte ich die Regentropfen auf dem Blechdach neben dem Haus - ganz gleichmäßige Tropfen. Der kleine Thomas hatte die Regentropfen nicht gehört, aber ich. Also musste ich vorhanden sein. Ich hatte die Regentropfen gehört. Wunderbar.
An Tagen, wenn es mir besser ging, machten wir Ausflüge, die EA-Gruppe, Max, Bärbel und ich. Da tankte ich dann auf. Es waren lebenswichtige Tankstellen. Wir haben alle unsere Tankstellen,

Rita auch.

Ich vergaß ganz, die mir so nahe stehenden Menschen vorzustellen. Wer ist eigentlich Rita? Und wie lernte ich sie kennen? Also ich versuche mich kurz zu fassen, denn Rita ist eine Geschichte für sich. Ich lernte die gleichartige Frau und ihren Mann auf einem Fortbildungsseminar vom Dialyseverein kennen. Eine muntere, geistig Purzelbaum schlagende, humorvolle und über die Maßen lebenshungrige Person, eine ganz besondere Persönlichkeit!
Sie liebt das Leben, saugt es, wie eine Biene den Nektar, auf, um wieder eine Strecke des Daseins zu pflastern. Anfangs schrieben wir uns fast täglich.

Der neugierige Blick in den Briefkasten gehörte zu meinem morgendlichen Ritual wie das Zähneputzen.
Ihre zahlreichen Gedichte sollen - dank ihrer Einwilligung - auch als Bereicherung meiner geschriebenen Gefühle im Wellengang der Hochs und Tiefs hier eingebunden sein. Wir verschmelzen miteinander durch unsere Gedanken. Dabei möchte ich eine weitere Freundin, Bärbel, nicht nur erwähnen sondern, sofern sie mir die Erlaubnis erteilt, aus ihrem Gedichtbändchen einiges zitieren.
Der Max ist mein Mann. Wir haben zusammen so viel miteinander erlebt. Doch gekannt haben wir uns bis heute nicht.
Jeder ist letztendlich immer für sich allein. Wir quälen uns einsam durch den Geburtskanal, und kommen in eine für uns gänzlich fremde Welt. Ohne Hilfe durch die Mutter (den Vater) wären wir lebensunfähig. So wie auch viele andere Tiere.
Doch zurück zu unseren Tankstellen.
An den Tankstellen holte ich mir die Kraft, am Leben zu bleiben. Tag für Tag, Stunde um Stunde und von Minute zu Minute. Alles ging zäh, schwer, die Tage, die Stunden, die Minuten. Manchmal, wenn ich an Bäumen und Büschen vorbeiging, sah ich die Knospen, und ärgerte mich, dass sie mir nichts bedeuteten. Ob ich sie wohl irgendwann wieder richtig sehen würde? Alles war zweifelhaft.
Die Zeitspanne der, ich nenne sie mal „bitteren Pillen", von denen ich mehr als genug schluckte -

sie sollten mein Nierenversagen etwas verlangsamen -, das waren große Dinger, ach du meine Güte! Alles in allem nahm ich fünfzehn oder mehr Tabletten am Tag. Eine ganze Farbpalette hatte ich zur Verfügung. Bei meinen Freunden, Bekannten und Verwandten führte ich das Tabletteneinnehmen ritualmäßig vor, und ein Wall von Bewunderung kam mir dann entgegen. In solchen Momenten fühlte ich mich einzigartig. Und dann kam Mitleidsstimmung auf. „Du bist schon arm dran!" Das wiederum gefiel mir nicht besonders. Die reine, pure Bewunderung sollte es sein.

In meinem Herumirren der Angst hatte ich den Max gar nicht mehr bemerkt. Er war da und nicht da, wie ich in meinem verdrehten Denken. Ich hatte nicht gemerkt, wie er sich davongeschlichen hatte. Doch er machte sich bemerkbar. So aggressiv kannte ich ihn in den letzten Jahren gar nicht.

Früher schon, manchmal, als er noch gesoffen hatte. Er hatte aber doch aufgehört, war in einer Gruppe. Aber was war jetzt mit ihm los? Sein Einschlafen hat mich geweckt.

Zitat aus dem Tagebuch vom 20. November 1979:
„Was dann letztendlich übrig bleibt, weiß ich nicht. Seit Wochen schläft und isst der Max nicht mehr richtig. Er ist übernervös und in sich zurückgezogen Ich hab' das Gefühl, er muss aus dieser Isolation heraus. Sicher weiß er selbst nicht genau, was in ihm vorgeht. Alkoholismus ist eine körperliche und seelische Krankheit. Ich leide unter seinem

trockenen besoffenen Zustand."
7. Januar 1980: „Seit ungefähr einem Vierteljahr schluckt er Schlaftabletten und erhält dadurch einen Zustand, fast wie mit Alkohol. Ich habe es nicht bemerkt. Vielleicht wollte ich es nicht sehen. Das alte Spiel ging von vorne los. Ich bin voll auf ihn eingestiegen, und ich hatte gedacht, diese Zeit wäre längst hinter mir."
Nun, auch das haben wir geschafft.
Jeder Tag brachte mich weiter. Und der Weg der unfreiwilligen Abhängigkeit war steil. Das Creatinin stieg, trotz allen Hoffens, trotz genauer Diät und trotz Heilerin, die ich in Baden-Baden aufsuchte. Ja, bei einer Heilerin war ich auch. Ach Leute, was ich nicht alles angestellt habe, um einen anderen Weg zu gehen! Damals wusste ich ja noch nicht, dass ich auf dem für mich richtigen Weg bin, dass alles, aber auch alles notwendig und richtig war. Ich wäre nicht die Monika, die ich heute bin. Und ich bin es gern. Jedenfalls meistens. Die Heilerin gab mir Mut und Kraft, und meine Werte blieben stabiler, wahrscheinlich, weil ich versuchte, daran zu glauben. Ich war schon einige Zeit bei Dr. Wittenmeier, einem Nierenspezialisten, der auch heute noch mein treuer Begleiter ist. Einmal sagte er zu mir:
„Erstaunlich, erstaunlich, dass sich die Werte so halten." Das war für mich ein Beweis, dass die Heilerin doch irgendetwas bewirkte. Erzählt habe ich dem Doc nicht, dass ich schon acht mal nach

Baden-Baden gefahren war, zur Heilerin. Bestimmt wollte ich nicht, dass er diesen Glauben nur irgendwie erschüttern könnte. Es war doch ein Strohhalm für mich, den mir niemand wegnehmen durfte. Es war ein Licht, an dem ich mich wärmte, ein heilendes Licht.
Heute sehe ich die Sonne. Keiner ist so breit, um mir den Schein zu nehmen. Ich sehe die Blüten, die Sonne, die Menschen. Ich sehe mich. Ich bin da, du bist da, ihr seid da. Es ist gut für mich, im Leben zu bleiben. Für mich ist es kein Wagnis mehr.

Neues Leben

1981 zogen wir, der Max und ich, von der altvertrauten Neckarstadt nach Mannheim-Käfertal, Bushaltestelle „Neues Leben".
Und ein neues, anderes Leben war es, das mich erwartete. Ich war eine Fremde auf fremden Straßen, weg von der Neckarstadt und von einem Jungen, dem ich — das glaube ich heute — viel zu verdanken habe. Bekdasch, der Kleine, hatte mir oft Kraft gegeben. Er und seine Eltern. Die Geborgenheit einer türkischen Familie. Jetzt sollte ich mich von ihnen trennen. Einmal, als ich wieder mit einer Art Todesangst zu kämpfen hatte, erklärte mir mein kleiner Freund: „Weißt du, Monika, mein Papa sagt, wir haben alle eine Uhr im Herzen, so einen Wecker, der tickt und tickt. Irgendwann, da ist die Zeit um, und der Wecker hört auf zu ticken. Ist doch normal, oder?" Er nahm meine Hand, legte sie auf sein Herz. „Na, merkst du, wie es tickt?" Dann legte er seine kleine Hand auf mein Herz. „Deiner tickt schon länger. Und beim Papa noch länger. Und beim Opa, da hat's ausgetickt. Normal, oder?" Ja, normal, oder? Bekdasch war auch so eine Art Tankstelle für mich, und noch heute erinnere ich mich gern an die Zeit mit ihm. Viele Tage, an denen ich nicht wusste, wer ich war und was meine Angst mit mir machte, stand er vor der Tür, der Kleine — ein kleiner, schwarzhaariger Junge, den Schulranzen hinter sich herschleifend, mit

erwartungsvollen Augen und der Frage: Hilfst du mir? In den Stunden, die ich mit ihm verbrachte, brauchte ich nicht zu wissen, wer ich war. Da war ich es, die, so glaube ich, einigermaßen geduldig mit ihm seine Hausaufgaben machte. Wir haben zusammen Pfannkuchen gebacken und Bilder gemalt, Briefe geschrieben und uns Geschichten ausgedacht, sind zusammen spazieren gegangen und haben Tischtennis gespielt. Und jetzt ein Abschied von einer großen Liebe. Er klebte mir ein rotes Abziehbild an den Küchenschrank, mit einem Herz. Darunter stand: Vergiss mich nicht. Dieses Herz hat mich begleitet in mein neues, noch verworrenes Leben. Und obwohl dieser Schrank gestrichen im Keller verweilt, das Herz ab ist, so werde ich ihn niemals vergessen. Ich kam später noch öfter in die Neckarstadt, weil dort noch andere Kinder auf mich warteten. Das waren die Kinder von der Neckarstadtschule. Viele quirlig lebendige Kids, alle mit schwarzen Haaren und Augen wie Kirschen. Zweimal in der Woche war Hausaufgabenhilfe. Und alle haben mir Kraft gegeben. Vor drei Jahren habe ich übrigens Bekdasch noch einmal angerufen, und einen Tag später stand er vor der Tür: ein erwachsener Mann, der immer noch diese klaren, ständig fragenden Augen hat und auch sein Lächeln. Überall würde ich es wiedererkennen. Ich freue mich, dass ich dich und alle Kinder kennenlernen durfte.

Wir zogen um in eine helle Wohnung mit all meinen düsteren Gefühlen. Meine Freude hielt sich in Maßen. Die Furcht vor der Zukunft umhüllte mich in einem dunklen Nebel. Kaum ließ ich mir was anmerken. Es hätten auch nur Betroffene meine ständigen
Halskloßgefühle verstehen können. Eine Freundin wusste von meinem unbehaglichen Zustand. Doch sie hatte gerade genug mit sich selbst zu tun. Von schlimmsten Vorstellungen geplagt, bewegte ich mich im Kreis, kam mir vor wie in einer Drehtür. Ich nannte das „Drehfallskreisel".
Wieder merkte ich, dass mir andere Betroffene fehlten. Denn nur sie hätten mich von meinen Horrorphantasien befreien können. Wie viele Male, dass ich des Morgens erwachte und mir mein weiteres Leben vorstellte. An solch eine Nierenmaschine sollte ich. Interessiert und erschreckt sah ich mir die in der Zeitschrift „Der Dialysepatient" abgebildeten Monstermaschinen an. Was für ein qualvolles Leben, so düster, so schmerzgeplagt. Womit hatte ich das verdient?
In Abständen musste ich zum Blut abnehmen, und die Zeiträume dazwischen wurden immer kürzer. Während des Wartens an solch einem „Schlachttag" sah ich mir die anderen Patientenmenschen genauestens an. Es war nicht immer leicht, sie von den Schnupfennasenmenschen zu unterscheiden. Doch einige konnte ich leicht herausfinden. Sie waren teilweise gelbgrau und sprachen vom

Anhängen und Anstechen — fehlte bloß noch das Aufhängen —, Soll-und Trockengewicht. Mit dem allen wusste ich nicht viel anzufangen. Wie sie da so vor mir saßen, erinnerte ich mich an manchen Gruselfilm. Mein Leben sollte als Gruselfilm enden? Wie furchtbar. So leid hatte ich mir aber noch nie getan. Aufgedunsen und abhängig. Irgendwann würde ich wohl platzen. Wassermelonengedanken überfielen mich. Ächzend und stöhnend werde ich mich zukünftig dahinschleppen. Ich war tatsächlich der Überzeugung, eine Art Menschenmonster zu werden. Hätte ich nur damals einen von Euch gekannt, Werner, Rita, Detlef und Ihr anderen. Ihr hättet die Ketten, die ich um meine Seele gelegt hatte, sprengen können. Darum schon ist unsere Selbsthilfegruppe chronisch Nierenkranker ein Segen für jeden. Da es aber solch eine Gruppe noch nicht gab, musste ich weiter im stinkenden Nebel verharren.
In dieser Zeit rief ich noch selbst bei meinem „Doc" an, um meine Blutwerte zu erfragen.
Doch je schlechter meine Werte wurden, um so mehr versagte mein Mut, selbst nach zu fragen. Wer musste für diese Zwecke nicht alles herhalten, um meine Befindlichkeit ans Tageslicht zu bringen. Mein Nephrologe fragte vorsichtig bei meinen „Vorschickern" an: „Kann Frau Kummer denn nicht selber anrufen?" — Nein, ich konnte nicht, und ich wollte nicht. Vorsichtig wollte ich das für mich so bedrohliche Abbauen meiner physischen

Verfassung erfahren. Mein Gott, wenn mein Arzt gewusst hätte, was für ein Häufchen Elend ich war. Ein Häuflein aus Furcht und Asche. Die Ergebnisse erfuhr ich doch unerbittlich. Mit großen Ohren stand ich immer in der Nähe des Telefons. Mein Herz schlug bis zum Hals, die Hände feucht, ein Beben in mir. Und oft folgte ein „Innendrin-Seele-Aufatmen". Langsam, trotz absoluter Eiweißdisziplin, stiegen die Werte. Noch knapper wurden die Zeitspannen zwischen den einzelnen Blutabnahmen. Es grauste und schauderte mich. Ich befand mich in tiefster Herz-Schmerz-Seelen-Not. Als ich einmal selbst vom Arzt zum Telefon gebeten wurde, war mir klar, dass dies nichts Gutes zu bedeuten hatte. Nichts konnte mir helfen, nicht einmal die schöne neue Wohnung. Zaghaft übergab mir mein lieber Mann den Hörer. Der „Nebelslalom" begann. Am anderen Ende war Dr. W., mein Nephrologe. Er sprach zu mir: „Frau Kummer, wir sind jetzt an einem Punkt, wo wir bald nicht mehr ohne die Hilfe eines Dialysegerätes auskommen." — „Was heißt das, Herr Doktor?", fragte ich. — „Nun, Sie müssen sich einen Shunt legen lassen." Ich wollte gerade mit meinem geliebten Wort „Aber" weitermachen, als mir der Doktor unwiderruflich klarmachte, dass es um mein Leben ging. Was für ein Leben! Mit ruhiger Stimme bat er mich, doch morgen in die Praxis zu kommen, um alles zu besprechen. „Darf ich meinen Mann mitbringen, Herr Doktor?" — „Selbstverständlich." Mein Kopf platzt, Hilfe, mein

Kopf platzt! Kopfhals mit Platzkopf und dabei Ersticken im schwarzen Nebel.. „Also, dann bis morgen, Frau Kummer. Sie wissen: fünfzehn Uhr dreißig." Es blieb mir wohl nichts anderes übrig. Ich konnte mich drehen und wenden, wie ich wollte. In dieser Nacht habe ich nur geweint, und beinahe wäre ich in meinen Träumen ertrunken. Die Luft war so dünn jene Nacht. Berggipfelatmen!

Am anderen Tag stand uns also das von mir so befürchtete Gespräch bevor. Dieses Gespräch muss mich wohl sehr beeindruckt haben, denn noch heute kann ich nachempfinden, in welcher Endlichkeitsstimmung ich war. Ich sehe uns noch genau im Zimmer des Arztes sitzen. Wartend, schweigend und machtlos. In weiser Voraussicht hatte ich all unsere Fragen aufgeschrieben. Denn bei dem Neuen, was mir bevorstand, hätte ich wohl die Hälfte vergessen. Zuerst einmal wollte ich wissen, was denn das sei, ein „Shunt". Was war das für ein Ding? Ob ich da wohl was eingepflanzt bekomme? So ein Shunt musste gelegt werden. Wo legt man den um Himmelswillen hin? Bestimmt kriege ich gleich zwei Vollnarkosen.

Die Schrecken der Vollnarkosen konnten gleich ausgeräumt werden. „Na, na, Frau Kummer, wir wollen schließlich nicht amputieren." — Wie lange ich im Krankenhaus bleiben muss, wollte ich auch noch wissen, und wer wohl an mir herumschnipseln wird, und ist das Ganze denn sehr gefährlich? Das alles war für mich überaus wichtig. Heute muss ich sagen, dass ich mir von Seiten des Arztes nicht „belächelt" vor kam. Ich fühlte mich durchaus ernst genommen. So wurden unsere Fragen auch ruhig und vorsichtig beantwortet. Ich lernte, dass ein Shunt ein Zusammenschluss von Vene und Arterie (in dem Fall im Arm) sei. „Sie müssen sich vorstellen, dass wir so eine Art Umleitung machen, denn wir brauchen einen starken Fluss. Später soll das Blut schließlich durch die Schläuche und durch die Kapillarniere." Und so sprach mein Arzt weiter: „Dann können wir um so besser stechen. Die Dialysenadeln sind auch nicht gerade dünn. Die können schon zwei Millimeter Durchmesser haben." Das müssen ja Dinger sein, ging's mir durch den Kopf. Arzt: „Machen Sie sich nicht soviel Gedanken, Frau Kummer, es ist wirklich nur ein kleiner Eingriff, eine Vollnarkose wäre da gefährlicher als der Eingriff an sich. Am besten, Sie gehen nach Neckargemünd zum Professor, der ist eine Kapazität auf dem Gebiet." Ein Spezialist also. Trotzdem kam mein: „Aber, kann ich denn nicht ... ?" — „Natürlich können Sie entscheiden, wo Sie hin möchten, doch empfehlen würde ich Ihnen, meinen Tipp zu befolgen.

"Überhaupt beim ersten Shunt — „erster" Shunt, was hieß dies nun wieder? Wie viele Shunts brauch' ich denn?" Ich sah mich schon ein Leben lang auf

dem OP-Tisch liegen. Der Doktor versuchte mich zu beruhigen: „Mitunter hält solch ein Shunt jahrelang." Gott sei Dank konnte ich damals noch nicht ahnen, dass ich in neun Dialysejahren auch neun shunts brauchte, und dabei lag ich im guten Durchschnitt. Wenn ein Gesicht lang werden könnte, wäre das meinige damals bestimmt bis zum Boden gegangen. „In zehn Tagen sind Sie wieder daheim. Das ist doch ein Wort, oder?" Zehn Tage also. „Ich werde Sie in Neckargemünd anmelden und rufe Sie an, wenn ein Zimmer für Sie frei ist." — „Ja."
Bei diesem Gespräch kam mir das erste Mal der Gedanke an eine Transplantation. Das war 1981. Damals standen die Erfolgsaussichten fünfzig zu fünfzig. Dennoch, es war ein Hoffnungsschimmer für mich. Und ohne jegliche Hoffnung können wir Menschen nicht leben. Jeder hat seinen ganz persönlichen Engel der Hoffnung. In einigen Tagen sollte ich also einen Shunt bekommen.

Am 9. Mai 1981 waren Max und ich bei meiner Cousine zur Hochzeit eingeladen. Eigentlich hatte ich überhaupt keinen Sinn für solch eine Feierlichkeit. Mein Mann aber meinte — und damit hatte er mit Sicherheit recht —, es würde mich von meinem Chaotenkopf ablenken. Also fuhren wir gemeinsam mit meiner anderen Cousine nach ..., um Hochzeit zu feiern. Ich musste mich anstrengen, denn von der bevorstehenden Operation hatte ich ja niemandem erzählt. Immer wieder schweiften meine

Gedanken ab.
Meinen Eltern musste ich ja auch demnächst davon erzählen. Meine Mutter— sie war sowieso sehr ängstlich —, wie würde sie reagieren? Meinen gedachten Weg wollte mein Leben nicht einschlagen. Verlaufen. Ich hatte mich verlaufen. Auf fremden Straßen irrte ich umher. Traurigsein und Machtlosigkeit begleiteten auch die Stunden auf Juttas Hochzeit. Dabei hatte ich dem Brautpaar eine recht lustige Hochzeitszeitung geschrieben.

Zwei Tage später — der „Doc" hatte sich noch nicht gemeldet — entschloss ich mich, meinen Eltern von meiner Pein zu erzählen. Aber wie sollte ich anfangen? Überraschend besuchte ich sie. Ich saß da wie auf heißen Kohlen. Irgendwie fühlte ich mich schuldig. Wie konnte ich ihnen das antun? Einfach krank zu sein. Ich wollte es mir selbst ja noch gar nicht eingestehen. Darüber zu sprechen, fiel mir in dieser Zeit besonders schwer. Im Sessel sitzend, die Fingernägel in die Lehnen gebohrt, wartete ich auf eine günstige Gelegenheit. Als mein Vater im Keller war, um eine Flasche Mineralwasser heraufzuholen, holte ich meinerseits tief Luft und begann: Aus Vorsorgegründen, einfach nur so, wenn die Werte mal steigen sollten, bekäme ich den Shunt. Meine Mutter schwieg. Ich glaube, ihr hatte es die Sprache verschlagen. „Mh, mh, mh, das ist ja schrecklich", bemerkte sie. „Ist nur ein ganz kleiner Eingriff", versuchte ich mein Angerichtetes zu mildern. Schlüsselklappern. Mein Vater war wieder nach oben gekommen. Meine Mutter: „Die kriegt so ein Ding." — „Was?" Er verstand nicht. „Was für ein Ding?" Jetzt brachte ich keinen Ton mehr heraus. „Ein Ding für die Blutwäsche, Du weißt doch: die Analyse." Meine Mutter sagte übrigens noch lange „Analyse". Auch mein Vater war nun blass geworden. „Oh je, das kann ja was werden. Da musst Du aber stark sein. Oh je, oh je!" Nun begann Papa, alle medizinischen Lexika zu wälzen, und alle Abarten von Krankheiten rauschten an mir vorbei. Der Abschied an diesem Abend endete damit, dass Mama meinte: „Da hast Du uns ja nichts Schönes zu sagen gehabt." So fühlte ich mich genauso schuldig wie zuvor.

Erst kommt der „Shunt" und dann die Schandtaten

Am 12. Mai 1981 durfte ich also einrücken. Endlich. Dieses ungewisse Warten machte mich verrückt. Ich wollte es einfach nur noch hinter mich bringen. Mit einem Taxi fuhren mein Gatte und ich ins Reha-Zentrum nach Neckargemünd. Koffer in die Hand, und ab ging's. Es war eine schöne Fahrt. Doch meine bedrückende Furcht vor dem Bevorstehenden drückte meine Stimmung erheblich. Viele Betroffene kennen sicher dieses „Flaubauchgefühl". Es stieg langsam in meinen — wie ich meinte — eingeengten Brustraum. Hinauf in den Kloßhals und endete mit einer Verpuffung im Gehirn.
Inzwischen waren wir angekommen und machten uns auf die Suche nach der Station. Was in diesem Haus, das eigentlich aus mehreren ineinander geschachtelten Häusern bestand, schwierig war. Ein Behindertenreservat, schön abgelegen, dass man gleich bemerkte: Die haben nichts mit „normalen" Menschen zu tun. Fast entstand der Eindruck, als wollte man die Bevölkerung vor solch geballten Elendsmenschen schützen. Eine Art Ghetto - junge Menschen ohne Arme und Beine, hinkende, stotternde — alles, was es eben so gibt. Ich kam mir plötzlich mit meinem Shunt richtig gesund vor. Und da mach' ich so ein Theater! Scham. Wieder einmal hatte ich mich viel zu wichtig genommen. Hatte ich

in den letzten Wochen überhaupt mal die anderen Menschen mit ihren Schwierigkeiten gesehen? Nein, ich hatte mich nur immer in meinem Selbstmitleid gesult. Von diesem Moment an wollte ich wieder Kontakt zu meinem Umfeld aufnehmen.

Beeindruckt vom Kranksein anderer fuhren Max und ich mit dem Fahrstuhl auf Station. In der Nephrologie wurde ich schon erwartet. Eine Schwester zeigte uns mein Zimmer; es standen zwei Betten drin. Sie war wirklich sehr nett. Kein Wunder, sie hieß ja auch Monika. Blutdruck wurde gemessen. Vor Aufregung war er noch höher, als er sowieso schon war. Ich glaube, um die 190 zu 140. „Sie können sich noch ein bisschen das Haus ansehen, bis der Professor vom OP zurückkommt. Unten haben wir auch eine Cafeteria. Die hat bis 21 Uhr geöffnet. Ich lass Sie dann ausrufen."

Ich war ganz froh und genoss die Zeit, um meine Anspannung ein wenig loszuwerden. „Frau Kummer, bitte kommen Sie in die Nephrologie", tönte es aus dem Lautsprecher. Max und ich steuerten auf den Fahrstuhl zu, der uns gleich auf die Station bringen sollte. Mit einem freundlichen Lächeln kam uns der Professor entgegen. Eine Person, die Vertrauen ausstrahlte. Der Professor erinnerte mich an einen gutmütigen Nikolaus mit lustigen Augen. Sein graumelierter Bart passte zu seiner dunklen, wohltuend klingenden, tiefen Stimme. Dieser Mann

strahlte Ruhe aus. Er begutachtete meine Venen und Arterien vom Handgelenk bis zur Ellenbeuge. „Sind Sie Rechtshänderin?", fragte er. Meine Antwort war: Ja. „Also legen wir den Shunt an den linken Arm." Er zeigte mir wo. Das war kurz hinter dem linken Handgelenk. „Das sind nur vier bis fünf Stiche, also eine Kleinigkeit." Trotzdem, wenn das Ganze 'rum gewesen wäre, wäre mir wohler gewesen.
Es sollte morgen geschehen. In dieser Nacht schlief ich schlecht. Wenn überhaupt. Wieder überfielen mich „Kreiselgedanken". Doch es war etwas, was beim besten Willen nicht zu ändern war.
Am nächsten Tag kam Max. Ich war immer noch nicht operiert. Ein anderer Notfall wurde eingeschoben, so dass meine Nerven auf die Probe gestellt wurden. Zum Reißen angespannt, verloren, machtlos und hilflos. Wieder fehlte mir der betroffene Mitmensch. An diesem Abend, als sich Max von mir verabschiedete, brach ich in Tränen aus. Das lange Warten machte mich mürbe. Als mein Liebster weg war, bemerkte ich, dass er die Wohnungsschlüssel vergessen hatte. Jetzt machte ich mir Sorgen um ihn. Er war auf dem Weg nach Mannheim. Per Zug.
Und dann ... , dann passierte sein letzter Rückfall. Max war und ist Alkoholiker. Zur Erklärung: Alkoholiker bleibt man, auch wenn man schon viele Jahre trocken ist, also keinen Alkohol mehr trinkt. Doch an diesem Abend wusste ich noch nicht, dass

er seinen bis heute letzten Versuch mit „dem Zeug",
wie er selbst immer sagte, unternahm. Ich hatte
mich schließlich auf meinen Arm zu konzentrieren.

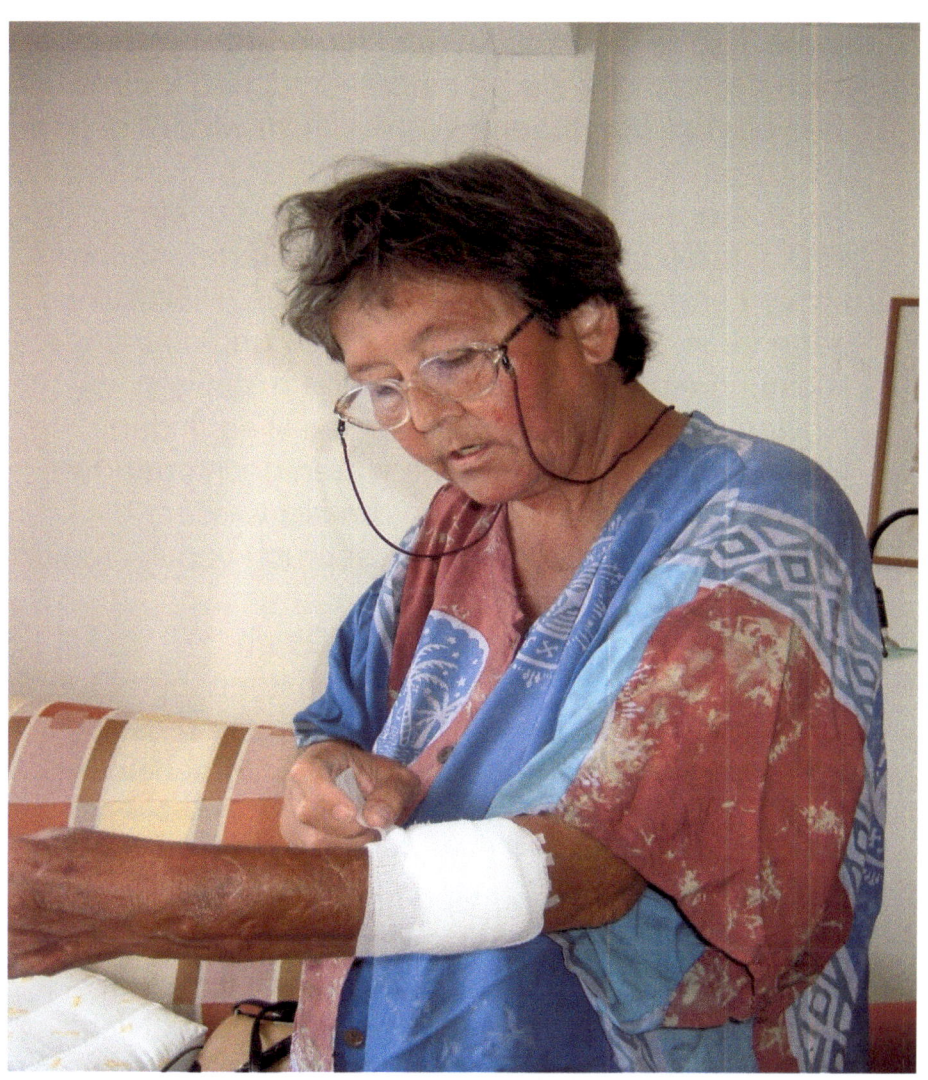

Haltepunkt der Shunt-Taten

Und es war auch noch der Dreizehnte, das wird doch kein schlechtes Omen sein?! Im OP. Verdammt kalt kam es mir auf dem OP-Tisch vor. All diese Tische sind kalt. In mir kalt, drunter und um mich herum. Das weiße Flügelhemdchen konnte mir die verloren gegangene Wärme nicht wieder geben.

Wir beide mussten uns also langsam auf ein verändertes Leben einstellen. Unerwartet machte unser Leben Umwege, wie mir schien. Plötzlich hatte es sich eigenständig gemacht und eine andere Richtung eingeschlagen. Von einem stetigen Rhythmus geprägt, wird es seinen Weg finden? Hoffentlich! Die Lebensziele waren doch irgendwie über'n Haufen geschmissen. Immer wieder durchquerte der Gelassenheitsspruch von AA mein Hirn:
Gott gebe mir die Gelassenheit, Dinge hinzunehmen, die ich nicht ändern kann, den Mut, Dinge zu ändern, die ich ändern kann und die Weisheit, das eine vom andern zu unterscheiden!

Damals ging ich selbst schon zwei Jahre zu den emotional Anonymen. Und bei AlAnon war ich auch (Angehörigengruppe der AA).
Ein Rückfall also. Sollte das alles, das mit dem Saufen und so, wieder von vorn losgehen? Nicht auszudenken! Verwirrt und völlig niedergeschlagen

versank ich in meinem Kissen. Mein Blutdruck lief mir davon, er hatte die Zweihundertermarke erreicht. Wieder fühlte ich, wie mein Blut wie heiße Lava meine Gehirnwindungen durchschoß, überbrodelte. Schon wieder dieser Platzkopf. Und ich war gefesselt an dieses mir so unliebsame Krankenbett. Max versprach, morgen zu kommen und heute Abend zur AA- Gruppe zu gehen. Wenn er es nur täte! Den Hörer auflegend, fing ich an, laut zu schluchzen, und Verzweiflungstränen feuchteten meine heiß gewordenen Wangen an. Schon so viele Tränen hatte ich in den letzten Tagen vergossen; auf diese kam es beinahe nicht mehr an.

Neben mir lag eine ältere, zierliche, blasse Frau. Sie und ihr gesamter Besuch versuchten mich zu beruhigen. Doch die hatten ja keine Ahnung, um was es ging. Sie dachten wohl, es wäre jemand gestorben. Oder so was. Meine Gefühle waren gerade dabei überzuschwappen, und wie ein trister Regentag begann mein Mich-Einweinen. Ein junger Arzt schob mein Bett in sein Sprechzimmer. Er bat mich, ihm zu erzählen, was mich denn so sehr bewegte. Da hab' ich ihm dann alles erzählt. Das mit dem Saufen und so. Er hörte mir geduldig zu, zeigte Verständnis und fragte mich sogar, ob ich eine Zigarette rauchen wollte. Und ob ich wollte! Wir rauchten, und ich erzählte. Das tat mir unendlich wohl, und trotz Rauchlunge sank mein Blutdruck wieder ab. Was mir wieder einmal zeigte, dass das Gespräch zwischen Arzt und Patientenmensch oft besser und hilfreicher ist als alle Blutdruckmittel der Welt.

Kreiselgedanken ließen mich in der folgenden Nacht nicht in Ruhe. Was wird bloß das Morgen bringen? Dabei hatte ich doch gelernt: Was zählt, ist hier und heute, und Glück hängt nicht davon ab, was andere tun oder sagen. Glück stellt sich ein, wenn ich mit mir in Frieden lebe. Doch Frieden konnte ich an diesem Tag bis spät in die Nacht weder in mir noch um mich herum finden. Der nächste Morgen brach an, und mein Seelenregen begann in Nieselwetter abzuflachen. Max konnte zwar wegen seines Entzugs noch immer nicht kommen, doch er war bei den Anonymen Alkoholikern gewesen. Etwas hoffnungsvoller sah ich nach vorn. Es war an der Zeit, dass wir uns, das heißt jeder für sich, wieder ins Lot brachten. Unsere Auslottage begannen. Doch es dauerte schon eine ganze Weile, bis wir wieder unsere Mitte fanden.

Auf Station oder „unter uns"

Betroffene unter sich — meine ersten Begegnungen mit Gleichgesinnten. Der betroffene Mitmensch findet seinen Platz in meinem Herzen.
Zur Information: Neckargemünd ist vor allem ein Reha-Zentrum für Kinder und Jugendliche mit körperlichen Behinderungen aller Art.
Wie ich schon andeutete, lag ich nicht allein im Zimmer. Eine ältere Frau, so um die sechzig, teilte den Raum mit mir. Es war Frau Rickel. Heute lebt sie schon lange nicht mehr. Abends erzählte sie mir Geschichten von ihrer Kindheit und Jugend. Ich mochte es, wenn sie von früher erzählte. Es erinnerte mich so sehr an meine Kindheit. Als ich noch Dreikäsehoch war, erzählte mir mein Vater auch immer solche spannenden Erlebnisse. Die nannte ich dann „Frühergeschichten". Genau solche Frühergeschichten waren es, die Frau Rickel erzählte. Sie gab mir ungewollt ein Stück Geborgenheit in der doch immer etwas unterkühlten Klinikwelt. Frau Rickel war eine zierliche, kleine Frau und rollte das fränkische Rrr mit großem Können. Sie kam aus Schweinfurt. Wir hatten Ähnlichkeiten festgestellt. Zum Beispiel erfuhr ich, dass ihr Mann — genau wie der meinige — stark sehbehindert war und beim Eintritt ins Leben den 18. Juni gewählt hatte, genau wie ich auch.
Sonnen- und Rosenkinder im Sternzeichen der

Zwillinge. Noch heute telefoniere ich ein- bis zweimal im Jahr mit Herrn Rickel. Harmonische Abende waren es damals mit der lieben, kleinen Frau.

Als wieder eine solche Nacht vorbeigeschlafen war, setzte ich mich schon frühmorgens in den sterilen Klinikflur. Da war ein munteres Treiben, und Langeweile war, während ich so da saß ein Fremdwort für mich. Die langen Gänge schienen endlos.

Viele Stockshuntmenschen paddelten an mir vorüber. Was sind um Himmels willen Stockshuntmenschen, werden sich einige Outsider fragen. Also: all die frisch operierten Arme halten sich über Herzhöhe an einem Stock fest und laufen mit ihren dazugehörigen Körpern durch die Gänge; dabei dürfen die Arme nicht durchgedrückt werden. Dass dies ganz schön anstrengend ist, könnt ihr mir glauben. Die frischen Wunden schmerzen. Und dann noch der schwere Stock — ojeh, ojeh! Den Muskelkater kann ich heute noch gedanklich spüren.

An diesem Morgen lief auch ein kleines Mädchen mit ihrem „Wanderstab" den Korridor auf und ab. Ich werde sie Gülten nennen. Ich saß an einem kleinen, quadratischen Tisch, der gleich rechts vor meiner Zimmertür stand. An der mir gegenüberliegenden Wand war in Augenhöhe eine lange Stange angebracht. Daran klammerten sich die Patientenmenschen und hielten in der anderen

Hand den „Wanderstab". Das kleine, dunkelhaarige Mädchen lief immer wieder an mir vorbei. Hin und her und wieder hin.
Plötzlich, sie kam gerade von rechts, blieb sie stehen und fragte: „Wer bist du?" — „Ich bin die Monika. Willst du dich zu mir setzen?" — „Nein", entgegnete sie, „ich bin schließlich noch jung!" — Jetzt hatte ich' s wieder gesagt bekommen! — „Monika, geht dein Shunt?" — „Ja, und deiner?" — „Wie eine Dampflok, oder, gell, es klingt, wenn man den Hineinhörer (Stethoskop) drauflegt, wie in einer Fabrikhalle." — „Stimmt, so klingt es wirklich. Doch dürfen die Arbeiter in der Werkshalle niemals Pause machen. Und wenn doch, dann geht die Fistel zu, und das Spiel der OP beginnt von neuem."
„Du, Monika, würdest du mit mir runter zum Kiosk gehen?" fragte die Kleine mit großen, voller Erwartung leuchtenden, schwarzen Augen. Der Kiosk war
ein Stockwerk tiefer, gleich neben der Cafeteria. Ich setzte mein schon etwas verrostetes Gestell in Gang und ging mit ihr. „Verrate mir doch mal, wie du heißt." Die Kleine sah zu mir auf und murmelte: „Gülten." — „Wie?" — Jetzt in Diskostärke: „Gülten!" — „Hör' mal, wenn ich für Dich auch schon ein Grufti bin, schwerhörig bin ich nicht. Was willst du eigentlich am Kiosk, Gülten?" — „Nun, was schon? Kartoffelchips !" — Natürlich, was sonst! — „Ich bin manchmal ein bisschen schwer von Begriff, Gülten."
— „Ach, das ist normal, du bist ja erwachsen, aber

trotzdem ganz nett."
Kaliumprobleme hatte Gülten noch nicht. Ich schreib' das dazu wegen der Kartoffelchips. Seit dem Kennenlernen des kleinen Türkenmädchens war meine Ruhe vorbei. Die achtjährige Gülten folgte mir wie mein eigener Schatten, und ich war froh, dass ich ein so aufgewecktes Kind kennenlernen durfte.

Mein zweiter Schatten war Leonore. (Ich habe einen anderen Namen gewählt.) Sie war vierzehn Jahre und schwer zuckerkrank. Alle paar Wochen startete sie einen Selbstmordversuch. Vor ein paar Tagen wollte sie sich die Pulsadern aufschneiden. Doch es kam kein Blut. Sie brauchte viel Aufmerksamkeit, und durch die Attacken gegen sich selbst bekam sie diese auch. Dann war da noch Franco (Name geändert), ein kleiner Junge, kaum einen Meter groß, glaube ich. Doch genau kann ich das nicht sagen, denn ich habe ihn immer nur im Rollstuhl gesehen. Er war ein langjähriges Dialysekind und deshalb auch kleinwüchsig. Im Rollstuhl mit Hut auf und Zigarette im Mund flitzte er durch die Gänge. Laut singend bewegte er sich mit der Geschwindigkeit eines werdenden Rollmeisters vorwärts: „In the army now, oh, oh, oh, in the army now ..." Was ich inzwischen wusste, morgen würde er achtzehn Jahre alt, spielte in der Reha-Band und war ein Pfundskerl. Nur an Schlechtwettertagen, wenn er seine Londonstimmung hatte, verstand er keinen Spaß. Da konnte es schon mal vorkommen, dass einem sein Schuh entgegen flog.

Nun noch zu unserem TV-Charly (Name geändert). Jahrelanger Dialysedauerpatient. Die Klinik war schon lange sein Zuhause. Er wohnte im „Reha". Charly entschied, welches Programm heute im Fernsehraum eingestellt wurde. Und immer war irgendwo Fußball drin. Kein Wunder, er hatte sozusagen das Hausrecht.

Auch Leni (geänderter Name) will ich nicht vergessen. Sie hatte von uns allen das schwerste Los. Auch sie war Rollstuhlfahrerin und völlig gelähmt. Selbst ihre Hände konnte sie nicht bewegen. Alles ging per Knopfdruck. Die Knöpfe betätigte sie mit Hilfe eines Stabes, den ihr jemand in den Mund stecken musste Doch sie war unglaublich lebenslustig. Wir alle und noch mehr hatten manchen lustigen Abend auf der Terrasse im Reha-Zentrum. Oft feierten wir bis tief in die Nacht. Die Zeit im Reha war wie im Flug vergangen und so wohl hatte ich mich lange nicht mehr gefühlt.
Das erste Mal, dass mir der betroffene Mitmensch Kraft und Mut für meinen bevorstehenden Lebensweg gab. Eine Art Selbsthilfegruppe. Ich war nicht mehr allein, und eigentlich ging es mir doch ganz gut. Darum konnte ich damals wohl auch nicht verstehen, warum meine Eltern immer, wenn sie zu Besuch kamen, Tränenaugen hatten.Bei diesem

ersten Aufenthalt in Neckargemünd habe ich viel gelernt. Ich habe den genannten und den nicht genannten Personen viel zu verdanken.

Der Tag, an dem ich schließlich entlassen wurde, war einerseits ein Freudentag, andererseits musste ich meine neu gefundenen Freunde nun wieder verlassen, was mich auch traurig stimmte. Alles in allem konnte ich andere Menschen wieder wahrnehmen. Auf dem Heimweg im Taxi zog alles wie ein Traum vorüber. Doch jetzt musste sich meine neu gewonnene Energie bewähren.

Station: Bewährungszeit mit Abstürzen

Mit dem Taxi fuhren ich und mein Shunt in das abgasreiche Mannheim zurück. Das Klopfen in meinem Arm begleitete mich. Jetzt hatte ich eine lebendige Uhr, die unaufhörlich auf meine erste Dialyse hinarbeitete. In diesem Augenblick aber tickte sie der Ankunft „im neuen Leben" entgegen. Dort war alles vorbereitet.

Wann würde meine erste Dialyse wohl sein? Noch hielten meine Werte. Doch haben wir Patientenmenschen nicht alle einmal gehofft, dass wir — wie durch ein Wunder — von den steigenden Werten ausgenommen blieben?
Die Blutkontrollen begannen sich zu häufen. Alle zwei bis drei Wochen fuhr ich in die Augusta-Anlage zum „TÜV". Das Blut abnehmen war nicht sonderlich tragisch. Die Praxis schien mir von Mal zu Mal vertrauter. Meist verließ ich sie vollgepackt mit Unmengen Tabletten, unter anderem den inzwischen umstrittenen Aminosäuren.
Bedeutungsmäßig war das Erfahren der Werte immer so wie „Freitag, der Dreizehnte". An solchen Tagen ging ich gern dem Telefon aus dem Weg. Ich ignorierte es. -
Erleichtertes Aufatmen: noch mal gutgegangen. Gleichgeblieben sind sie, die Werte. Was in meiner Situation schon ein Anlass für einen Freudenschrei

war, doch nur in mir innerlich.
Für diesen einen Tag ein neues, geschenktes Leben. Dankbarkeitsströme schinden neue Zeit. Ein unbeschreibliches Glücksgefühl erfüllt den Raum für Unendliches. Zeit schinden, Zeit gewinnen — bloß nicht an solch eine Maschine! Damals, ich war auch schon im Dialyseverein und bezog die Zeitschrift „Der Dialysepatient", da waren auf manchen Seiten Nadeln abgebildet. Mit solchen wurde wohl vor einer Behandlung der sogenannten Blutwäsche gestochen. Die haben zwei Millimeter Durchmesser, man stelle sich das mal vor! Die Seiten mit den Nadeln überflog ich und wendete mich positiveren Themen zu, zum Beispiel Urlaubsdialyse.
Neckargemünd lag hinter mir, doch der Kontakt zu den betroffenen Mitmenschen blieb. Wir tauschten unsere Erfahrungen auch weiterhin noch aus, brieflich oder telefonisch, versteht sich. Einmal bin ich sogar hin gefahren und habe alle besucht. Sie gaben mir die Möglichkeit, Ängste und andere Gefühle mit ihnen zu teilen.
Wochen um Wochen ein neues Zittern und Bangen und die Hoffnung, man ließe mir noch eine Galgenfrist. Schließlich waren es **mein** Körper und **meine** Werte!
Ein bisschen schob ich das Ganze auch auf den Doc. Geteiltes Leid ist halbes Leid. Würde er es tatsächlich wagen, mich an die Maschine zu schicken? So unmenschlich kann er doch nicht sein, oder? Aufatmen! Noch einmal gutgegangen. Für

diesen Tag war er noch mal der beste, netteste und fähigste Arzt, und man konnte doch wirklich nur Gutes über ihn sagen. Beinahe geriet ich schon ins Schwärmen. Er ist doch in Ordnung und so zuverlässig, überhaupt wenn er mir sagt, dass meine Werte noch recht ordentlich seien. Wahrscheinlich hätte ich jeden Arzt mit solch einer Nachricht an solch einem schönen Tag ins Herz geschlossen.

Inzwischen war es August geworden. Monate des Zeitschindens waren vergangen. Mein Shunt lief, und mein linkes Handgelenk war vor lauter Schonhaltung schon ganz schief. Aufgepasst habe ich gut auf meine Fistel. Das Stethoskop war ständig im Einsatz. Möglicherweise übertrieb ich das Abhören meiner „Fabrikhalle". Doch ich bin nun mal ein überaus vorsichtiger Mensch. Des nachts wagte ich es nicht, mich umzudrehen, des Shunts wegen. Übrigens, bis heute liege ich des nachts völlig regungslos auf ein und derselben Stelle. Zimmernachbarn während einiger Klinikaufenthalte hielten mich für tot oder waren sich diesbezüglich sehr unsicher. Diese eingefleischte Eigenschaft habe ich mir am Anfang meiner „Karriere" antrainiert, und so werde ich wohl auch in der Zukunft ein „Einstellungsschläfer" bleiben.
Dann kam der September, und am liebsten hätte ich ihn ausfallen lassen. Dieser September mit verhängnisvollen Folgen. Die nette Doktorzeit war

vorbei. Ausgeträumt der Traum, ich sei eine Ausnahme.
Die kriegen uns alle. Der Shunt war gelegt; was noch fehlte, waren die „Shunt-Taten".

Station: „Shunt-Taten"

Bis zu diesem Zeitpunkt hatte ich noch keine Dialysestation von innen gesehen. Nicht, dass dazu keine Gelegenheit gewesen wäre, doch ich wollte einfach nichts damit zu tun haben. Eigentlich passte die ganze Krankheit noch nicht in mein Leben. Was hatte sie nur hier in mir zu suchen? So ein kleines bisschen „Warum gerade ich?" und „Bleib' draußen vor der Tür" ...

Wieder einmal klingelte das Telefon, und wieder einmal schlich ich wie eine Katze drum herum und vorbei. Ohren zu und durch. Es war Freitagsstimmung und dieses Mal schlug's dreizehn. Prinzipiell hörte ich am „Werteerwartungstag" kein Telefon klingeln. Es ging mir heute sowieso nicht gut. So müde und schlapp fühlte ich mich. Nach außen hin ging's mir gut, denn ich wollte ja schließlich nicht, dass sie mich kriegten.

Max nahm den Hörer ab, doch heute übergab mein Gatte ihn mir. Das hatte nichts Gutes zu bedeuten, wenn der Doc schon mit mir persönlich sprechen will! Damals mit der Shunt-O.P. war's doch genauso gewesen... Jetzt hatte er mich also! Aber er wird doch noch ..., das kann er nicht machen! Und ob er konnte!
„Sie wollen doch nicht Ihr Leben aufs Spiel setzen?"

höre ich ihn noch sagen, „es ist alles halb so schlimm. Und außerdem gibt es nur zwei Möglichkeiten." Zum Glück durfte ich wählen zwischen Leben und Sterben. Andere haben noch nicht mal diese Wahl.
Trotzdem, ich verlor Gedanken und Kopf. (Kopflos und nicht bereit zu hören meldete ich mich). Obwohl ich nicht hören wollte, verstand ich doch sofort. Es war also so weit. In diesem Augenblick endete ein Stück Leben in mir.
Morgen, vierzehn Uhr dreißig, war es dann also so weit. Drei Stunden sollte das Ganze fürs erste dauern. Noch vierundzwanzig Stunden Galgenfrist. Mein Brustkorb war wie eingeschnürt. Das mir bekannte Kloßhalsgefühl richtete sich häuslich ein. Meine Seele begann zu ertrinken in ersticktem Tränenfluss. Noch vierundzwanzig Stunden bis zur Hinrichtung. Mir war zumute, als wären es die letzten vierundzwanzig Stunden meines Lebens. Seit einer Stunde wusste ich nun, was mir bevorstand.
Am Nachmittag gingen Max und ich noch einkaufen. Diesen Laden habe ich das erste und das letzte Mal betreten. Momentan schien alles so endlich. Endlichkeitsstimmung! Mit Recht wartete ich auf die Vollstreckung. In der folgenden Nacht vergrub ich meine Scherbenseele in den Kissen. Wie wird das alles noch weitergehen?

Als der Morgen anbrach, zählte ich die Stunden. Um

halb zwei Uhr mittags rief ich mir ein Taxi. Pünktlich stand der Wagen vor der Tür. Die Fahrerin, die mich bei diesem ersten Mal fuhr, habe ich vor ungefähr einem Jahr noch einmal getroffen. Sie konnte sich noch gut an mich und meine Henkersfahrt erinnern: „Ja, so ein Unglückshäuflein saß da neben mir. Wie habe ich mit Ihnen gelitten. Auch als ich Sie in der Anfangszeit noch öfters fuhr, taten Sie mir schrecklich Leid. Sie wirkten immer so niedergeschlagen und ängstlich." Kein Wunder, denn ich war niedergeschlagen, und Angst hatte ich mehr als genug.

Das Häuflein Ich war angekommen. Mit dem Fahrstuhl fuhr ich zur Dialysestation hoch, wo mich Dr. W. gleich in Empfang nahm. Wir gingen durch einen langen, rechteckigen Saal. Da lagen sie nun alle: Maschinenmenschen, gefesselt an Schläuche. Die Hautfarbe meist aschgrau fahl. Zum Teil kamen sie mir vor wie geschrumpelte Äpfelchen. Manche erinnerten mich an den Film „Tanz der Vampire", doch diese lebten alle noch. Aber viele waren eben von der Krankheit gezeichnet. Der Doc stellte mich den Patientinnen und Patienten vor. Zu diesem Kreis sollte ich einmal dazugehören? Das war so ein Rundgang wie in einer Firma, wo ich als neue Mitarbeiterin vorgestellt wurde. Doch eines war sicher: so schnell würde ich hier wohl nicht entlassen werden. All diese Namen konnte ich mir beim besten Willen nicht merken. Das heißt, ich habe überhaupt keinen davon behalten. Dazu war ich viel zu aufgeregt.

Das leere Bett in der Mitte des Saales war wohl für mich bestimmt. Daneben die Maschine, von der in Zukunft mein Leben abhängen würde. Also jetzt, am frühen Nachmittag, sollte ich mich für drei Stunden ins Bett legen. Reine Zeitverschwendung, dachte ich so bei mir. Mir fielen tausend Sachen ein, die ich in diesem Augenblick lieber gemacht hätte. Sogar Bügeln und Geschirr spülen. Jeglicher innere Widerstand nutzte mir nichts. Ob ich wollte oder nicht, ich musste mich in dieses grüne Krankenhausbett legen. Eine Schwester streifte dem Arzt sterile Handschuhe über. Neben dran stand ein fahrbares Tischchen, wie in Krankenhäusern so üblich. Darauf lagen überaus dicke, angstmachende Nadeln. Der Doc nahm die Schutzkappe dieser Stecher ab, legte unter meinen Arm einen Keil und bohrte die Nadeln in die Vene und Arterie. Es war eher ein zögerliches Suchen, ein sich Vortasten. Also, ein Ruckzuckstecher war er nicht gerade. Eher einer, der hofft, auf eine Ölmine zu stoßen. Bei mir aber stieß er auf gar nichts. Die Nadeln wollten nicht in mir verweilen, drum hat er sie wieder raus gezogen. „Dann fahren wir halt ‚single needle', meinte er lässig. Keine Ahnung hatte ich, was er damit meinte. Auf jeden Fall musste das Ganze wiederholt werden, diesmal mit nur einer Nadel. Dabei hat der Mann in Weiß doch gesagt, wenn die Nadeln erst mal drin sind, ist das Schlimmste überstanden. Von wegen! Jetzt musste ich erst mal zwanzig Minuten auf die Einstichstellen drücken. Mein Blut lief unter die Haut, und eine Schwester rief, begeistert wirkend: „Ein Ei, ein Ei!" Ich war schon heparinisiert. Das heißt, vor jeder Dialyse bekommt der Patient, die Patientin Heparin oder Makumar gespritzt, damit das Blut dünnflüssiger wird. Sonst geht die Niere zu, sagen sie dann. Aber ich möchte an dieser Stelle keinen Fachsalat erzählen. Auf jeden Fall, musste ich also auf die Einstichstellen drücken.

Schon eine halbe Stunde lag ich nun in diesem Bett, und wir waren genauso weit wie vorher. So langsam begannen sich Angst und Ungeduld zu mischen. Selbst meiner Bettnachbarin zur Rechten fiel mein gequälter Gesichtsausdruck auf. Die meinte dann: „Bei uns misse se viel Zeit mitbringe. Geduld is des Erschte, was se lerne misse." Sehr aufmunternd klang das weiß Gott nicht. Bei der anderen Nadel klappte es dann. Sie lag direkt in der Ellenbeuge, so musste mein Arm gestreckt bleiben. Mein Lebenssaft füllte die unendlich scheinenden Schläuche. Müde und schwächer werdend ergab ich mich. Eine Schwester setzte sich zu mir: „Ist das Ihre
erste Dialyse?" fragte sie. Ich nickte. Sie erklärte mir die ganze Apparatur, doch ich konnte nichts mehr aufnehmen. Wie ich da so lag, stieg langsam

kriechend das Selbstmitleid wieder in mir hoch. Mit Tränenglasaugen nahm ich meine neue Umgebung nur noch zögerlich wahr. Ungewollt liefen mir zwei bis drei Tränen über meine inzwischen heiß gewordenen Wangen. Ja, ja, ich war schon eine arme Sau!

Jetzt erst bemerkte ich, dass die Schwester noch immer auf meinem Bett saß. Sanft strich sie über meinen Kopf: „Wenn man aber auch so jung ist." Die Zeit schien stehen zu bleiben. Zwei geschlagene Stunden lag ich nun schon hier, und die Zeiger der Uhr wollten sich nicht weiterbewegen.

„Frau K., Sie haben keine Bettenwaage!" rief es aus dem Hintergrund. „Und was bedeutet das?" wollte ich wissen. Also, keine Bettenwaage zu haben, bedeutete für mich, mit Nadeln, Schläuchen und niedrigem Blutdruck aufzustehen und auf die Waage, die eben heran gerollt wurde, zu steigen, den Arm immer gestreckt. Dieses Ritual wurde mit den sinnigen Worten „Dann woll' n wir mal!" begleitet. Ich meinerseits legte mir später den Spruch zu: „Wo nehmt Ihr nur die Weisheit her? Zusammen wär' n wir viel zu schwer." Beim heutigen ersten Mal allerdings war mir zu derlei Scherzen nicht zumute. Kurze Zeit später war ich froh, wieder im Bett zu sein. Zur Kräftigung wurden Brötchen, Tee, Kaffee oder Fleischbrühe gereicht. Doch mir war bereits schlecht.Seltsame Geräusche vernahm ich, als ich so mit geschlossenen Augen vor mich hin döste. Angefangen bei dem Surren und Piepsen der Maschinen und dem Stimmengewirr, von zahlreichen Schnarchern begleitet, bis hin zum Husten und Kotzen. Ganz zu schweigen von den diversen Gerüchen. Linkerseits lag ein Mann, welcher bestimmt allerlei Blähendes zu sich genommen hatte, was hörbar und abgasreich war. Es roch nach verfaultem Kohl. Jemand rief: „Dieser Bauer!" Für die Berufstätigen wurde in der Küche ein warmes Essen zubereitet. Diese Düfte waren gerade dabei, sich zu vermischen, als eine junge Schwester mit einem Hauch französischen Parfüms das Zimmer betrat. Etwas weiter hinten musste jemand aufs Töpfchen, und, um das Ganze abzurunden, lag noch der allgemeine urämische Geruch im Raum. Ein Pfleger wollte das Fenster öffnen. Doch nein, Protest: „Es zieht, es zieht!" Das Argument „Es ist noch keiner erstunken, aber schon viele erfroren" siegte letztendlich. Ich meinerseits trug zu dem Ganzen insofern bei, dass mein Angstschweiß zum Himmel stank.

Endlich, die Zeit war um und ich wurde das erste Mal abgehängt. Kein Wunder, dass ich mir regelrecht aufgehängt vorgekommen war. Etwas schwach fühlte ich mich schon. Trotzdem lief ich mit meinem Hasebär, der mich abholte, noch beinahe zweieinhalb Kilometer. In der Nähe des Marktplatzes kehrten wir ein. Jetzt hatte ich es doch verdient, etwas Gutes zu essen und zu trinken. Mir war so richtig danach, mir jetzt etwas Gutes zu gönnen. Was für eine Leistung hatte ich vollbracht! So gut hatte es mir lange nicht mehr geschmeckt! Kein Wunder, schließlich war ich befreit von meinen urämischen Giften. All die Eindrücke sprudelten nur so aus mir heraus. Und der arme Max musste geduldig zuhören. Es klang alles leichter und positiver als das wirklich Erlebte: „... und dann haben auch alle etwas zu essen bekommen." Auch der Doc war jetzt wieder ein überaus netter Zeitgenosse. Für heute war es also überstanden. Nur eines konnte ich mir beim besten Willen nicht vorstellen: wie ein menschliches Wesen **das** dreimal in der Woche bis zu fünf Stunden überleben konnte.

Nun, bis zur nächsten Dialyse blieben mir dann noch vier Monate Zeit. Die Werte hielten sich relativ gut. Doch wenn ich mir einbilden sollte, jetzt eine Ruhepause einlegen zu können, war ich auf dem Holzweg. Schließlich wollte ich mich ja transplantieren lassen. Und auf die Transplantationsliste kommt nur jemand, der ansonsten völlig gesund ist. Alles, was baufällig scheint, muss restauriert werden. „Wir werden die rostige Karre schon wieder zum Laufen bringen", sagten die Damen und Herren in Weiß. Und so kam ich von einer Werkstatt zur nächsten.

Station: einmal Würzburg und zurück
oder ausgerechnet jetzt:
Max macht eine Umschulung zum Masseur und medizinischen Bademeister.

Das neue Leben des Alleinseins

Ich wusste, meine Zeit bis zur regelmäßigen Dialyse wurde immer knapper. Wie lange hatte ich noch meine Unabhängigkeit? Vielleicht ein Jahr? Oder waren es nur noch ein paar Monate? Das alles war so ungewiss und machte mich mürbe. Wie man im Volksmund so schön sagt: „Ich war nicht gut drauf" damals, im September 1982. Meine Stimmung kippte und Depressionen begleiteten meinen Tagesablauf.

Hat sich der Max deswegen damals aus dem Staub gemacht? Nach Würzburg wollte er, umschulen. Und auch noch so weit weg. Das erschreckte mich. Wie konnte er mich ausgerechnet jetzt im Stich lassen? Von wegen in guten und in schlechten Tagen. Wie ernst hatte er unsere Ehe eigentlich genommen? Es war für mich ein Verrat unserer Beziehung. Ich hatte ihn doch gebeten zu bleiben. Am Wendepunkt meines Lebens haut der Gute ab. Als Max sich endgültig nicht umstimmen ließ, gab ich für unser gemeinsames Leben keinen Pfifferling mehr. Wie in Umschulungsstätten so üblich, gab es dort auch weibliche Wesen. Da ich ein Mensch bin, dem das Gefühl der Eifersucht nicht fremd ist, sah ich die Gefahr, ihn an eine andere, vielleicht auch *gesündere* Frau zu verlieren. Verlustangstgedanken zogen in mir und an mir vorüber. Wieder einmal kam

ich mir vor, als wäre ich das ärmste Schwein auf Erden.
Wenn er denkt, dass ich hier ganz alleine vor mich hin lebe, dann soll er sich getäuscht haben. Außerdem bin ich keine Heilige. Dann werd' ich halt sehen, wo ich bleibe. Ich sprach mir fragwürdigen Mut zu. Was der kann, kann ich schon lange.

Meine Verzweiflung und meine Wut gaben mir Kraft und Mut zu kämpfen. Ein Kampf gegen die Zeit und die Einsamkeit. Unterstützung fand ich bei meinen Freundinnen. Irgendwie musste ich dem Max seinen Platz besetzen. Ich konnte schlecht alleine sein, damals, als der Herbst begann. Glücklicherweise hatte ich Freundinnen und Freunde, die mir beistanden. Ich lechzte nach Ablenkung und Aufmunterung.

Zwei Jahre Abwesenheit, das war für mich unvorstellbar lange. Alleine einschlafen, alleine aufwachen, zwischendurch Selbstgespräche und ein Haufen schmutziges Geschirr. Von den ständig vollen Abfalleimern ganz zu schweigen. Es ist unglaublich, wie ein einzelner Mensch ein solches Durcheinander zustande bringt. In mir da drinnen und um mich herum nur Chaos. Wäsche zog ich aus verteilten, kleinen Häufchen hervor. Häufchen, wie auch ich eines war. Max war nicht mehr da, keiner, der mir meine Klamotten hinterher räumte. Wo sollte das Ganze noch hinführen ? Wäre mein Gatte in der

beschriebenen Anfangszeit mal überraschend gekommen, hätte ihn mit Sicherheit der Schlag getroffen. Doch er kam ja nur am Wochenende. Was für mich bedeutete, einen Dummen zu finden, der mir half. Freitagnachmittags sollte ja alles wieder einigermaßen vernünftig aussehen. Klar Schiff machen, hieß das also für mich.
Manchmal in meiner Anfangsjunggesellinnenzeit überkam mich ein unermüdlicher Schaffensdrang. Mag sein, dass ich mir damit beweisen wollte, durchaus in der Lage zu sein, mein Leben selber in die Hand zu nehmen. Zum Beispiel tapezierte ich ohne Fremdhilfe unsere Küche. Das gelang mir auch recht gut. Ich merkte, dass ich mir schon noch etwas zutrauen konnte. Auch dem Küchenschrank verhalf ich zu neuer Farbe. Auf diesem klebte immer noch das Herz des kleinen türkischen Jungen aus der Neckarstadt. Auch stand darunter immer noch: „Vergiss mein nicht." Bis heute habe ich den inzwischen jungen Mann nicht vergessen. Soviel Zeit ist schon vergangen, dass der Junge heute selbst schon einen vierjährigen Sohn hat.

Mit Manfred, Mann von Bärbel, klebte ich Styroporplatten an die Schlafzimmerdecke. In solchen Dingen pflege ich äußerst gründlich an die Sache ran zu gehen. Was uns nach vielen Jahren beim Wohnungsauszug zum Verhängnis wurde. Denn ich hatte bei solchen Gründlichkeitsanfällen die Platten nicht punktgeklebt, das heißt, Kleber nur an allen vier Ecken. Statt dessen habe ich die quadratischen Dinger dick mit Kleber eingekleistert, ganz so, als wären sie aus Beton.

Ich begann, mir mehr und mehr zuzutrauen. Das Leben musste doch irgendwie in den Griff zu kriegen sein. Mir fehlte aber noch viel Übung. Na, Zeit zum Üben hatte ich ja genug. Schon ein Monat von vierundzwanzig Monaten war vergangen. Meine Neugierde, Maxens Mitschüler(innen) kennenzulernen, wuchs. Wie und wer waren die, von denen mir mein Wochenendehemann erzählte? Da muss ich doch mal gucken gehen. Ein bisschen steckte natürlich auch die Absicht der Kontrolle dahinter. So ein wenig untermischen und mitmischen wollte ich schon. Gemeinsam so von Behinderten zu Behinderter, miteinander sein und sich so solidarisch zu fühlen.

Es war wieder einmal Montag, als ich mich entschloss, nach „Veitsbach", wie die Umschüler das fränkische Kleinstädtchen liebevoll nannten, zu fahren. Max holte mich in Würzburg am Bahnhof ab. Ein Sportfest war geplant oben im Umschulungshaus. Unter anderem mit abendlichem Tanz. Ja, die wussten schon zu feiern, da oben auf dem Berg. Was würden das wohl für Menschen sein?
Doch schon damals machte mir Menschenfischen großen Spaß.

Ob Zufall oder Fügung, als kleines Mädchen war ich in diesem Ort gewesen. Damals, mit meinen Eltern, ein Onkel wohnte da. Wie so üblich war die Schule für Blinde und Sehbehinderte am Rande des idyllischen Städtchens. Die Unsehenden bleiben besser etwas außen vor. Genug, dass die Unvollkommenen immer wieder in die Stadt herunter kamen. Was die „Normalbevölkerung" immer zu großen Bedauerungsausbrüchen anregte: „Diese armen Menschen!" Was zur Folge hatte, dass sich die sogenannten Gesunden gleich wieder besser fühlten, weg war jedes Zipperlein.
Oben auf dem Berg gab es eine Teestube, eine Bierstube, eine Mensa und eine Sporthalle. Ein Wohnhaus für die Schüler und eines für die Lehrer. Nicht weit davon eine Kneipe. Am Eingang des Wohnhauses, gleich rechts, war die Pforte. In diesem Glaskasten saß Berti (Name geändert). Auch einer, der in mancherlei Hinsicht nicht alles blickte. „Bertenpforti" wurde er genannt. Ein dürres Gestell, hager, mit knöchernen Gesichtszügen. Ein ganz Lieber war das, der „Bertenpforti". Er trug eine Brille mit einem Rahmen aus dunklem Horn. Seine Stimme kullerte tief, und manches Mal überschlug sie sich. Besonders, wenn er aufgeregt war. Dabei hüpfte sein Adamsapfel lustig hin und her.

Nachdem wir Berti begrüßt hatten, holten wir eine Liege in der Rezeption, um sie aufs Zimmer vom Max zu stellen, und als ich meinen Kram in Maxens

Bude abgestellt hatte, gingen wir in die Teestube. Wie ließen uns den Tee schmecken. Eine ganze Weile saßen Macky (wie er in Köln genannt wird) und ich an einem der kleinen, weißen, rund geformten Tische. „Bist Du's, Max?" fragte ein ganz blinder, mittelalterlicher, rundlicher Mann. Er tastete sich mit einem weißen Stock bis zu einem freien Stuhl vor. „Ja, Ralph (Name geändert), ich bin's, Max. Rutsch mal!" sagte mein Mann, indem er mich ansah. Ralf meinte: „Ach, ist Anne (Name geändert) bei Dir?"

In meinem Kopf leuchtete ein rotes Lämpchen auf. Anne hieß sie also. In solchen Augenblicken gehen einerseits rote Lämpchen an, andererseits schaltet mein Gehirn aus. Schwer zu beschreiben, wie so was vor sich geht. Jeder Mensch, der die Sucht zum Eifern kennt, kann nachempfinden, wie ich mich fühlte. Für Kopf- und Vernunftsmenschen kaum nachvollziehbar. Mit ausgeschaltetem Verstand und blinkendem Rotlicht stand ich wortlos auf und ging in die Bierstube, die just in diesem Moment geöffnet wurde. Außer dem dickbauchigen Wirt und mir war niemand in der rustikal eingerichteten Gastlichkeit. Ganz ins Eck hab' ich mich dort verkrochen, und das bekannte Kloßhalsgefühl kroch aus dem Brustraum hoch und drückte mir beinahe die Kehle zu. Genauso wie bei meinem ungewissen Kranksein, die Zukunftsangst war die Furcht, alleine gelassen zu werden. Einsam, krank, begleitet von falschem Mitleid, gestützt von Freunden, die keine Betroffenen waren. Keiner schien richtig zu verstehen. Ich versuchte, mir klar zu machen, dass der Mensch sowieso alleine sei. Doch bin ich nun mal kein Alleinheitsmensch. Das ist wohl etwas, was ich bei mir nicht ändern kann. Wie lange ich in diesem Eck saß, weiß ich nicht. Als hätte ich die Zeit geschluckt.

Auf einmal saß der Mann, den ich zu kennen schien, neben mir. „Ach, hier bist du", meinte er ahnungslos. Nein, er hatte wirklich keine Ahnung. Stundenlang blieb ich wortkarg. Mit einem dicken Hals kann der Mensch nicht sprechen. Bestimmt hängt das Sprichwort „Do krieg isch so ähn Hals" mit solcherlei Gefühlen zusammen. Wut, Hass, Trauer und Angst formen sich zu einer zähen Masse, die, wenn sie zu lange in Hals und Brustraum verweilt, sich kloßhaft zusammenballt. Drum soll der Mensch schreien, solange er es noch kann. Hat sich erst einmal ein Kloß geformt, sitzt dieser fest und rührt sich stundenlang nicht von der Stelle. Noch bis zum Abend saß mein Untermieter, der Kloß, im Hals fest, bis er völlig eintrocknete und heraus bröckelte.

Ob an der Geschichte mit Anne was Wahres dran war, weiß ich bis heute nicht. Ich gebe zu, dass mich dies auch wenig interessiert. Wie ein Freund zu mir des öfteren zu sagen pflegte: „Das

interessiert mich einen feuchten Feudel!" Was immer das auch heißen sollte. Tags später lernte ich Anne kennen. Sie war ja ganz nett und eine für mich völlig ungefährliche Frau. Um dem Max dauerhaft zu gefallen, war sie zu oberflächlich, etwas engstirnig und auf Äußerlichkeiten bedacht. So wirkte sie jedenfalls auf mich. Ein äußerst beruhigendes Gefühl. Im Laufe dieser Umschulung lernte ich noch andere Umschüler(innen) kennen. Von einigen werde ich später schreiben.
Da war also noch der Ralph mit seiner sinnigen Bemerkung. Ich erwähnte ihn schon. Ralph war vollblind und zuckerkrank. Jahre später musste auch er an die Dialyse. Leider ist er heute schon verstorben. Ich glaube, dass die Fäden des Menschen sich zusammen spinnen und dass wohl hinter jeder Begegnung ein Sinn steht. Auch wenn wir es nicht gleich verstehen oder es für uns überhaupt nicht erkennbar wird.
Eine Türe weiter wohnte so ein „langes Ende". Er erinnerte mich an einen Cowboy mit rechteckigen Bewegungen und unwahrscheinlich langen Armen. Manchmal schien er nicht zu wissen, wohin damit. Seine Stimme war fast so laut wie die Musik, die aus seinem Zimmer dröhnte: „Shadow on the wall, bumm, bumm, shadow on the wall, bumm, bumm, ..." Während ich zehn oder mehr Schritte brauchte, um den Flur zu durchqueren, brauchte der Lange bestimmt nicht mehr als vier. Wenn er nicht gerade auf dem Staubsauger einer der reizenden

Bediensteten saß, um sich so fortzubewegen. Cowboyhut und Sporen, das hätte ihm gerade noch gefehlt. Sein Pferd war der Staubsauger und die Angestellte seine Squaw. Er sagte doch tatsächlich, sie wäre seine Squaw. Das muss ein Macho sein, dachte ich so bei mir, und bestimmt hätte ich nicht geglaubt, dass ich ihn zu meinen Wahlbruder ernennen würde.
Ein Wahlbruder ist ein Unverwandter mit brüderlicher Ausstrahlung, es besteht eine gegenseitige kameradschaftliche Verbundenheit. Bis heute sind wir Freunde geblieben. Auch er hatte später mit einer schweren Krankheit zu kämpfen und auch sein Leben veränderte sich. Zum Glück aber gab es Menschen, die zu ihm hielten, die ihm Kraft und Mut gaben, nicht nur am Leben, sondern auch im Leben zu bleiben.
Vom Franki (Name geändert), der mit der Schnabeltasse warf, und von Hardi, der reichlich mit männlichen Hormonen gesegnet war und einfach nichts dafür konnte, werde ich später noch erzählen. Denn fürs erste musste ich ja wieder nach Hause, um zusammen mit Magdalena Käfertals (Vorort von Mannheim) Kneipen zu erobern. Also fuhr ich zurück in das wohlvertraute, stinkende „Monnem".
„Monnem vorne!"
Mit meiner neu gewonnenen Freiheit konnte ich mehr schlecht als recht umgehen. Magdalena und ich gingen so gut wie jeden Abend aus, und vor Mitternacht kamen wir selten heim. In dieser Zeit

trank ich viel zuviel Alkohol. Obwohl ich doch wusste, dass dies meine Probleme auf keinen Fall lösen würde. Hatte ich es doch selbst erlebt, was Alkohol bei Menschen anrichten konnte. Das Zeug, wie Max so oft sagt, ließ mich für Stunden eine Scheinruhe finden, ließ mich lustig und aufgemuntert erscheinen und meine Einsamkeit und Furcht vergessen. Doch es war kein dauerhafter Frieden in mir. Die nackte, nüchterne Wahrheit sah einfach anders aus.

All diese Begegnungen halfen nur begrenzt. Noch immer fühlte ich mich unendlich allein. Was ich suchte, fand ich nicht in Gaststätten, auch nicht im Alkohol. Was jetzt deutlicher denn je wurde: Es fehlte mir der betroffene Mitmensch. In mir innerlich herrschte ein solches Durcheinander, dass ich auch dort nichts für mich Wertvolles finden konnte.

Vor vielen Gestern musste ich auch morgen wieder zur Blutkontrolle. Auf ein neues Seelenzittern also. Noch immer fiel es mir schwer, meine Blutwerte abzufragen. Auch schickte ich weiterhin andere Menschen vor. Mit dem Doc begann ich zu feilschen. Ich schrieb ihm kleine Zettelchen mit Ausreden, die als Entschuldigung verpackt waren. Sogar das Dialysepersonal versetzte ich. Wie oft war die Maschine aufgebaut, doch wer nicht kam, das war ich. Und dann haben sie alles wegwerfen müssen. Den ganzen Schlauchsalat und die

Kapillarniere. Viele Jahre später hab' ich das immer noch zu hören gekriegt, welch schwieriger Fall ich doch gewesen sei. Nein, es war kein böser Wille, es war die nackte Angst.

Das alles machte mir mein Leben nicht gerade leichter. In dieser Fernbleibphase hatte ich das schlechteste Gewissen, das ich jemals in mir erfahren habe. Ein schlechtes Gewissen gegenüber den Ärzten, dem Pflegepersonal und mir selbst gegenüber. Außerdem wuchs die Angst, dass mir das Ganze entgleiten würde und dass es irgendwann zu spät sei. Wenn's noch mal gutgegangen war, kam das große Aufatmen. Was wiederum ein Grund war, einen drauf zumachen.

Im September 1983 ging ich das vierte oder das fünfte Mal zum Dialysieren. Daran gewöhnt hatte ich mich immer noch nicht. Es war alles andere als angenehm: Kotzen, Krämpfe, Blutdruckabfall und zum Andenken ein dicker, blutunterlaufener Arm. Zum Trost bekam ich wenigstens ein warmes Mittagessen mit nach Hause. Durch die Kostendämpfung im Gesundheitswesen ist ein solches Essen für Patientenmenschen an der Maschine nicht mehr drin. Ich finde das mehr als schade, war es doch ein Trostpflaster und eine Belohnung für das körperlich Geleistete.

„Monnem" und das „Siedlereck" hatten mich also

wieder. Das „Siedlereck" war Magdalenas und meine Stammkneipe. Während der Zeit des Alleinlebens haben Magdalena und ich eine ganze Menge Mannsbilder kennen gelernt: Mike, Thomas, Klaus, Kurt, Waldi, Manfred und eine ganze Menge mehr. Doch aus meiner Sicht war da nichts Rechtes darunter. Wie man bei uns in „Monnem" sagt: „Den hätscht mer uff de Bauch binne kenne, wär nix geloffe." Der eine oder andere war schon mal zum Geschirr trocknen zu gebrauchen. Magdalena und ich hatten bestimmt nicht den besten Ruf. Kneipenmänner denken sich nämlich gerne Geschichten aus und prahlen vor ihren Artgenossen. Na ja, mit Abtrocknen hätten sie auch schlecht angeben können. Ich habe sie sozusagen zweckgebunden eingesetzt.

Einmal haben wir zwei solche Gestalten mit zu Magdalena genommen. „Abschleppen" nennt man das, glaube ich. Also, wir nahmen sie mit, um mit ihnen Domino zu spielen. Nicht schlecht staunten die beiden, als wir die rechteckigen, schwarzen Steine auf dem Tisch ausbreiteten. Ihre Gesichter wurden lang und länger. „Die wollen wirklich Domino spielen, die kenne net gonz sauwer seu!" Eilends bestellten sie sich ein Taxi und verschwanden. Also, irgendwie waren wir noch etwas naiv. Wir haben Glück gehabt, dass unser Spieltrieb so glimpflich ausging. Es gab noch einige solcher Stories, die zur Ablenkung von meiner Krankheit dienen sollten. Ob dies der richtige Weg war, ist fraglich. Egal, so war das halt damals für mich. Es hat ja auch Spaß gemacht. Ich hielt mich über Wasser.

Inzwischen war es Februar 1983, kurz vor der närrischen Zeit, und in Veitshöchheim wurde mal wieder gefeiert. Zum x-ten Male fuhr ich also nach Unterfranken. Mittlerweile war ich bekannt wie ein bunter Hund. Meine Untermischaktion hatte geklappt. Einem Klassenkameraden hatte ich eine Schnabeltasse gekauft. Dem hatten sie, soweit ich mich erinnern kann, ein paar Zähne gezogen. Doch an diesem Tag verstand der „Wollperdinger" keinen Spaß. Er nahm die Tasse und schleuderte sie quer über den langen Tisch, an dem die ganze Mannschaft saß. Mit solch einer Reaktion hatte ich allerdings nicht gerechnet. War wohl nicht gut drauf heute!

Abends wurde in der Mensa wieder einmal getanzt. Max ging früh auf sein Zimmer. Bei solchen Tanz- und Saufgelagen fühlt er sich nicht recht wohl. Was ich ihm auch nicht verdenken kann. Ich tanze recht gerne, drum blieb ich noch. Dem Hardi (Name geändert) hat mich der Max dann anvertraut. Das war auch ein Mitschüler von meinem Ausreißer. Hardi war als Weiberheld bekannt. Am Wochenende war er dann verheiratet. Seine momentane Freundin war gerade im Krankenhaus. Ich fand sein Verhalten unmöglich, was ich ihm auch sagte. Sein Dialekt war schwabenmäßig. Wir tanzten und debattierten über seine Auffassung von Treue. Der war ganz schön sehbehindert, so sehr, dass er, um die Brüste der Frauen zu sehen, beinahe jeder in den Ausschnitt fiel. Er fand sich ganz in Ordnung, und außerdem meinte er, dass er wirklich nichts dafür könne. Eine seiner Lieblingsausreden war: „Mer sen doch alles bloß Menscha, und i ka doch nix dafür, des passiert eufach."

Unsere Auseinandersetzung ging bis weit nach Mitternacht, und eigentlich wollte ich jetzt auf Maxens Bude. Doch .... Am nächsten Morgen sagte auch ich: „Mer sen doch alles bloß Menscha, i ka doch nix dafür, des passiert eufach." Die Nacht mit Baschinski hatte meinem Selbstwertgefühl gut getan. Wurde ich doch trotz meines Krankseins begehrt. Der Spätzlesschwob hatte ein mächtig schlechtes Gewissen gegenüber dem Max und erzählte mir dauernd irgendwas von, er sei ein Kameradenschwein. Ein paar Wochen später traf ich mich noch einmal mit Hardi. Dem Max habe ich von dem kleinen Zwischenfall erzählt. Er hat mir's auch nicht sonderlich übel genommen. Bei Kopfmenschen leuchten eben keine roten Lämpchen auf.

Station: Steigende Werte

Im Sommer 1989 war dann unser vorläufig letzter dialysefreier Urlaub in Wald in Österreich. Körperlich spürte ich schon die giftigen Stoffe in mir. Nur schwerlich kam ich den Berg zu unserer Unterkunft hoch. Das Essen schmeckte mir nicht mehr richtig, und Fleisch konnte ich nicht einmal mehr riechen. Wir genossen den Urlaub, so gut es eben ging. Immer öfter hatte ich jetzt dicke Füße. Es wurde Zeit, wieder mein Blut von den Giften zu befreien. Mit dem Alleineleben kam ich schon etwas besser zurecht. Das heißt, mal so, mal so. Bis zum Jahresende hatte ich rund zehn Dialysen hinter mir. Das Zentrum wechselte seinen Standort von der Augusta-Anlage in Mannheim nach Brühl.

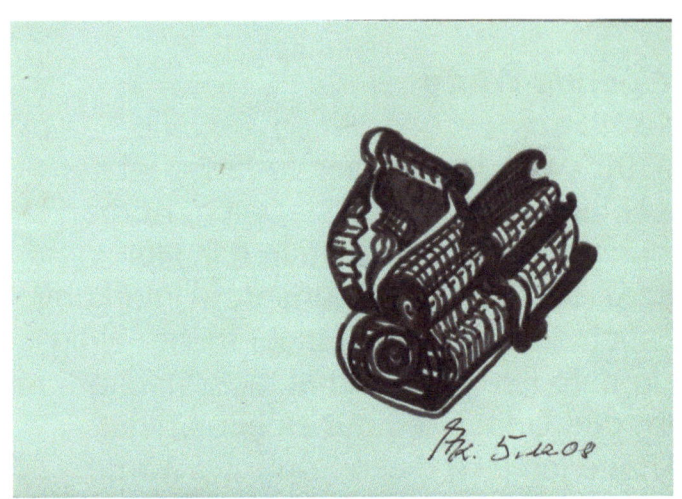

Station: Straffere Zügel

Es kam vor, dass mich Magdalena von der Dialyse abholte. Meistens war ich noch nicht abgehängt. Auch heute kam meine Freundin etwas früher. Dr. Frank saß gerade an meinem Bett. Und wenn der Doc sich schon mal hinsetzte, hatte er auch was zu sagen. Er redete sehr bestimmend, sagte was wie, dass es so nicht mehr weiterginge. Von wegen, alle paar Wochen mal dialysieren.
Ab jetzt sollte ich einmal in der Woche kommen.
In mir da drinnen sträubte sich alles. Wäre ich ein Igel gewesen, hätte ich meine Stacheln aufgestellt. Wäre ich eine Katze gewesen, hätte ich ihm die Krallen gezeigt. So aber bin ich ein Mensch. Die einzige mir verbliebene Waffe war meine Sturheit und mein „Aber".
Wenn ich so recht überlege, gut ging es mir ja

wirklich nicht. Meine Augen und meine Nerven spielten verrückt. Es gab Tage, da sah ich alles in Grün. Den Geschmack „sauer" konnte ich nicht mehr wahrnehmen, ganz abgesehen von den ständigen Kopfschmerzen und dicken Füßen. Mein „Aber" half mir nicht viel. Der Doc hatte es einfach aus meinem Vokabular gestrichen. Da gibt es kein Aber mehr. „Verstehen Sie doch, es geht um Ihr Leben! Wir haben schon viel zu lange nachgegeben. Ihr Kreatinin ist auf 21, Schluss mit jeder Diskussion!
Ich kann und werde sonst die Verantwortung nicht mehr übernehmen."
Meine Gedanken tanzten um die Wette. Ich befand mich wieder einmal im Drehfallskreisel. Die können doch nicht einfach über mich bestimmen; es ist doch mein Leben, oder? Einmal in der Woche also. Nein, irgendeinen Einfluss wollte ich auf diese Entscheidung doch nehmen. Einfach so hinnehmen, ohne zu kämpfen, das geht nicht. Immerhin, es waren schließlich drei Ärzte im Zentrum. Wenn mir einer mal vollkommen gegen den Strich ging, erklärte ich ihn für nicht zuständig. Mit dem Dr. W. wäre es vielleicht möglicher zu verhandeln. Ich suchte nach
einer annehmbaren Lösung für den Doc und für meine Wenigkeit. Die Hauptsache für mich war, mit entscheiden zu können. Schließlich ging es ja um mich. Also knobelte ich mir dreimal in vierzehn Tagen aus. Mit diesem ungewöhnlichen

Rhythmusvorschlag ging ich dann zu Dr. W. „Können wir's nicht vielleicht so machen, Herr Doktor? Montag, Freitag, Mittwoch. Montag, Freitag, Mittwoch." versetzen ??
In seinen Augen lag irgendwie ein Grinsen. Ich fühlte mich durchschaut. „Na gut", meinte Dr. W., und ich glaubte, dabei irgendwie einen Seufzer gehört zu haben.

Ein Alleinheitsjahr war vorüber. Das zweite Jahr setzte mein Mann in Mainz fort. Die ganze Clique ging also nach Mainz. Angefangen von Buschinski, über Jochen, den Wolperdinger und viele mehr. Mainz war zumindest schon mal näher als Würzburg. In Veitsbach hatten die Schüler erst einmal den ganzen theoretischen Kram gelernt. Jetzt kam der praktische Teil dazu. Die Schüler(innen) massierten sich gegenseitig. Männlein wie Weiblein, und das alles frei nackt. Ich gebe zu, der Gedanke war gewöhnungsbedürftig. Der 'Eifer' in mir begann sich zu regen, ich setzte diesmal aber auch den Kopf mit ein. Dieser schaltete mein rotes Lämpchen sofort wieder aus. Schließlich, ging es mir durch den Kopf, kann der Max, wenn er später einmal arbeitet, die Leute auch nicht angezogen massieren. So sprach Monika zu sich selbst. Und immerhin, „schließlich sen mer alles Menscha." Ich fuhr oft nach Mainz. Man kann sagen, ich fühlte mich dort recht wohl.

An meinen Dialyserhythmus begann ich mich langsam zu gewöhnen. Es wurde vieles leichter für mich. Körperlich ging es mir nach und nach besser, auch mit dem Stechen, es tat nicht mehr immer so weh. An den Dialysetagen war ich schon geschafft, doch an den anderen Tagen fühlte ich mich, verglichen mit früher, aktiver und fitter. Ganz hatte ich aber meine Krankheit noch immer nicht für mich angenommen. Das dauerte noch ein paar Jahre.

Meine Transplantationsvorbereitungen waren inzwischen abgeschlossen. Ob Hämorrhoidenbekämpfung, drei Magenspiegelungen, Refluxbeseitigung durch Schnitt in der Harnröhre, Herausmeißeln von drei quer gelegenen Weisheitszähnen , Blasenspiegelungen, durch und durch Röntgen, Ultraschall und Computertomographie, nichts war mir mehr fremd. Blut-und Urinkontrollen, solange 'das Bächlein' noch lief, gehörten zu meiner Freizeitgestaltung.
Jetzt hätte ich eigentlich zur Transplantation angemeldet werden können. Doch die dafür zuständige Ärztin schien viel Zeit zu haben. Es war ja auch nicht ihr Leben. Erst rannte ich mich ab, um alles auf den neuesten Stand zu bringen, und dann dauerte es ein geschlagenes halbes Jahr, bis mich die Ärztin anmeldete.

Doch zwischendurch pflegte ich trotz allem mein

Privatleben. In diesem Sommer 1988 war ich des Alleinseins müde und beschloss, einen Freund von früher anzurufen. Er lebte in Scheidung. Harald (Name geändert) war sein Name. Er war völlig ungefährlich für mich. Doch zur Abwechslung ganz nützlich. Jedes mal, wenn der Gute kam, brachte er ein Brot mit, was bedeutete, dass ich mindestens drei Brote in der Woche hatte. Ein Spinner mit Brottick also. Harald war anfallskrank. Also, irgendeinen Schaden hatten meine Männer immer. Jahre später war er dann der Freund von Magdalena. Doch Magdalena hatte sich zunächst in meinen Wahlbruder verliebt, das 'lange Ende' aus Maxens Klasse. Den hat sie wirklich sehr gerne gehabt, und es dauerte lange, bis sie ihn vergessen konnte.

Dass Max auch auf Magdalena stand, konnte ich zu dieser Zeit noch nicht wissen. Das war die Zeit der Verwirrspiele. Da war schon was los im Zwischenmenschlichen. Also, ich war nicht immer nur Patientenmensch, sondern auch ein ganz menschlicher Mensch.

Die Zeit blieb nicht stehen, und so ging meine Probezeit des Alleinlebens zu Ende. Mittlerweile kam ich mit allem gut zurecht. Ich war selbständiger geworden. Diese zwei Jahre waren für mich - so schwer die Anfangszeit auch war -, sehr wichtig gewesen. Ich hatte mich an meine neue Freiheit

gewöhnt, und dann kam mein Gatte zurück.
Ich schrieb ein Gedicht:

*Du hast nicht gefragt,
als du gegangen bist.*

*Du hast nicht gefragt,
ob Du wiederkommen darfst.*

*Doch Du hast Glück gehabt,
denn ich liebe Dich.*

Max, Monika, Manfred

Haltestelle: Klopfzeichen

Wie immer war ich eine Woche vor Abflug schon ganz daneben. Das zweite Mal sollte ich also in die Luft gehen Richtung Malaga, Endziel Fuengirola. Tage zuvor prüfte ich meinen Shunt stundenweise. Da gefiel mir etwas ganz und gar nicht. Max meinte, ich sollte aufhören, mich verrückt zu machen. Bestimmt dachte er dabei auch an sich, denn er musste ständig mit hineinhören, stethoskopmäßig, versteht sich. „Hör' doch mal ganz genau, Max! Fällt Dir nix auf?" — „Nein! Ist doch wie immer, oder?" — „Nein, nein! Erst kommt das Fabrikhallengeräusch, Radong-Radong, und dann Tschüüüh (Pfeifton, nach hinten heller werdend) und es macht eben nur Tschü (der heller klingende Teil fehlt)." Max meinte, man könnte alles übertreiben und ich sollte mit dem Spinnen aufhören. Einen Tag vor dem Abflug machte ich noch die Schwestern und Pfleger meiner Dialysestation verrückt. Bald wussten alle, dass mir das Tschüüüh fehlte. Einige meinten, ich wäre diesmal wirklich urlaubsreif. Was sie wahrhaftig dachten, konnte ich mir schon denken: jetzt hat unsere Kummerine 'nen Stich!

Die Koffer waren gepackt, nur noch kurz und schnell ausschlafen, um den sicheren Erdboden zu verlassen. Mit dem Taxi waren wir schnell am Flughafen Frankfurt. Während ich auf das Fliegen warte, muss ich traditionsgemäß ständig aufs Klo. (Nur mal so als Randbemerkung. Ich möchte gerne, dass Ihr meine Verhaltensweise auch kennen lernt.) So war das eben auch heute auf dem Flughafen Frankfurt um fünf Uhr dreißig. Als ich ausholte, um an eine Kette zum Wasser spülen zu gelangen (die Toilette war schon ein älterer Jahrgang), spürte ich in meinen linken Shuntarm eine Art Knack. Irgend etwas schien sich losgerissen zu haben. Oder anders gesagt: so als hätte sich etwas gelöst und sich auf und davon gemacht, was mich nicht unbedingt beruhigte. Diese Unruhe begleitete mich bis Malaga.

Ab diesem Zeitpunkt stand mein Shuntarm bei mir unter Intensivbeobachtung. Ich konnte keine Tasche, keinen Koffer mehr tragen, denn mein rechter Arm war mit dem Halten des linken mehr als ausgelastet. Weg war die Flugangst; dafür hatte ich jetzt meinen Shuntarm. Ich wusste nicht, was schlimmer sein würde: abstürzen oder ein Zugehen meiner Fistel.

Auf und nieder, immer wieder

Das Flugzeug, es war eine Boeing, setzte sich in Bewegung. Es rollte Kreuz und quer, bis es endlich seiner Bestimmung nach richtig stand. Die Motoren dröhnten, schneller werdend und anschiebend. Schneller, immer schneller, dem Abheben nahe, nach hinten gedrückt, nach vorne rollend, wagte der

Stahlkasten, den Erdboden zu verlassen. So auch ich. Nach hinten gedrückt, nach vorne sehend, nach links greifend, verlor ich den Boden unter den Füßen. Das ist immer so gewaltig und faszinierend zugleich, doch es nimmt mir auch die Luft und drückt mir Hals und Ohren zu. Nachdem meine Luft zurückgekehrt, mein Hals losgelassen und die Ohren wieder offen waren, konnte ich meinem Arm wieder die gebührende Aufmerksamkeit schenken. Inzwischen war es ein Stolpershunt.

Eine Durchsage: „Meine sehr geehrten Damen, Herren und Kinder, wir haben ein kleines Problem und werden in Düsseldorf zwischenlanden." Notlanden wird er doch nicht gemeint haben? Ich hatte auch ein Problem, und zwar ein großes. Schon wieder landen und dann das Ganze von vorn. Meine letzten Nerven waren fast bis zum Reißen gespannt.

Schließlich landeten wir wieder. Jeder musste seinen Koffer identifizieren. Ob die wohl die falschen Koffer mitgenommen haben?, durchquerte es mein Gehirn. Scheinbar nicht. Ein Passagier musste aussteigen. Warum, weiß ich bis heute noch nicht. In Düsseldorf hatten wir dann eine Stunde Aufenthalt. Ich nutzte die Gelegenheit, um meine Schwiegermutter in Köln anzurufen. Auch, um von meinem Karussell der Shuntgedanken ab zuspringen. Ihre Freude war riesig und sie meinte:

„Dass man Dich aus Spanien so jut hört, Kenk." —
„Aber wir sind doch noch in Düsseldorf, Marta!" In solchen Fällen pflegte sie „Jot, ooh Jot noch ooh!" zu sagen. Genauso fühlte ich mich auch. Ich fühlte mich Jot ooh Jot noch ooh.
Wieder ging es in die Lüfte, und irgendwie stand ich — wie schon so oft — neben und hinter mir, mein Um-mich-herum kaum wahrnehmend. Wie im Flug verging die Zeit wahrlich nicht. Sie zog sich wie in einem meiner Alpträume, wenn ich nicht von der Stelle komme. Zugegeben, diesen Flug habe ich einfach an mir vorbei fliegen lassen.
Als sich der Flieger zum Landen entschied, kam ich, - gedanklich immer noch auf mein drittes Shuntkind fixiert -, wieder zu mir. Eine Stimme, die aus dem Lautsprecher kam, kündigte an: „Wir haben in Malaga leichte Aufwinde, wie Sie sicher schon bemerkt haben." Und ob wir das bemerkt hatten, und von wegen leicht! Wir plumpsten von einem in das nächste Luftloch. Kirmes und Achterbahn wären dagegen ein In-den-Schlaf-wiegen gewesen. Doch Gottlob hatte ich ja meinen Arm, auf den ich fixiert war zu meiner Beruhigung. Dem erzählte ich dann gedanklich, wenn wir jetzt abstürzen, sind wir beide tot.
Wir überlebten. Aber ganz so einfach war es doch nicht. Als der Flugkasten fiel und fiel, meinte mein Blutdruck, er müsse sich der Situation anpassen, und tat das Gleiche. Was der Fistel sehr missfiel. Sogleich stellte sie sich scheintot. Dies löste bei mir

wiederum Panikstimmung aus. Nach einigen Hüpfern auf der Rollbahn rasten wir ebenmäßig und bodenständig dahin, bis sich das Flugzeug endlich zum Stehenbleiben entschied. Der Shunt stand, unser Gefährt stand, und ich setzte meinen Körper in Bewegung. Zwischen Flugzeug und Abfertigungshalle lagen zirka fünfhundert Meter. Um meinem Blutdruck Beine zu machen, machte ich mich meinerseits auf dieselben. Ich rannte, was wirklich nur in äußersten Notfällen geschieht. Denn mein Phlegma lässt derartige Anstrengungen ansonsten nicht zu. Doch zur Rettung meines pulsierenden Lebens war ich zu allem bereit.
Der Hasebär (Kosename) kam nach, und wir trafen uns an der Kofferausgabe. Das ist jenes Laufband, wo man des öfteren rätselt: ist er's, oder ist er's nicht? Eine Modenschau von Koffern gab uns die Ehre, bis erst der eine, dann der andere aus dem Untergrund der grauen Klappe erschien.Die Zeit des Kofferwartens nutzte ich wiederum, um zu meinen Shunt zu prüfen und Klopfzeichen zu empfangen. Doch es war nur ein gelegentliches Zucken spürbar. Unser Passkontrollgang begann. Außerhalb der neutralen Zonen nahm uns Maud, eine Art Sekretärin der Clinica „El Hamondial", in Empfang. Im Taxi war's nun endgültig mit den Klopfzeichen vorbei. Der Shunt war verschütt' gegangen. Ein halbweicher Thrombus störte den Fluss meines Lebenssaftes. Wir fuhren also gar nicht erst ins Hotel sondern gleich in die Klinik.

Dr. Hakman empfing uns freundlich und ausgeglichen. Ich erzählte ihm von meiner Misere. Mit dem Stethoskop hörte er meinen Shunt ab. „Kann noch nicht lange tschu schein!" Dr. Hakman ist Holländer und liebt das „Tsch", wie die meisten seiner Art. Auch hat er — ich weiß nicht, ob das bei allen Windmühlenmenschen so ist — die Ruhe weg. Doch diese sonst so wohltuende Gemütlichkeit machte mich an diesem Tag ganz kribbelig. „Am beschten, sie fahren mit Guillermo (Pfleger) nochmal nach Malaga in die Klinik. Maud fährt mit und überschetzt dann allesch."
Das dauerte und dauerte, wo ich doch mit jeder Minute kämpfte. Jetzt ist alles zu spät, dachte ich, als Maud, Guillermo, Max und ich durch das Foyer der Klinik in Malaga eilten. Eine nette, junge Ärztin, zierlich an Gestalt, stellte schließlich fest, was ich schon eine Woche lang befürchtet hatte. Der Shunt war zu! Maud übersetzte, was nun zu geschehen hatte. „Frau Doktor wird versuchen, den Shunt aufzuklopfen."
So nahm das Klopfen seinen Lauf. Mit der flachen Hand schlug sie blitzschnell und heftig auf meinen Arm ein. Maud hielt meine rechte Hand. Ich glaube, ich hätte die ihre beinahe zerdrückt. Was ich absolut nicht für möglich gehalten hätte, dass die kleine Doktorin einen so festen Schlag hatte. Es tat weh und ein paar stille Tränen machten sich selbständig und liefen mir übers Gesicht.
Sie hatte es geschafft: der Shunt lief wieder! Doch

was ich noch nicht wusste: vierundzwanzig Stunden musste ich in der Klinik bleiben. Na, das kann ja was werden! Wie sollten wir uns bloß verständigen? Wie so was dennoch möglich ist, erfuhr ich in der folgenden Nacht. In den darauf folgenden Stunden habe ich einiges über Land und Leute gelernt, und trotz allem war diese Nacht eine Bereicherung meines Lebens.

Eine Nacht mit Vollpension, Sprachkurs und Flamencotanz, und alles für „umme"! (Umme ist Mannheimer Dialekt und heißt umsonst.)

Meine Begleiter hatten mich verlassen. Einfach alleine gelassen haben die mich, inmitten der vielen

Spanier und Spanierinnen. Ich war mit einem Tropf verbunden, worin sich Kochsalz (Natrium) und Heparin befand. Eingebettet in unzählige Kissen, Tücher und eine Wärmflasche, trat nun mein Arm seinerseits seinen Urlaub an, zumindest bis zur nächsten Dialyse.

Eine junge Krankenschwester stellte sich mir vor. So typenmäßig wie Rita Pavone (falls irgendjemand die Schlagersängerin noch kennt, ihre Zeit war so zwischen 1960 und 1970). Diese besagte Krankenschwester konnte genauso wenig Englisch wie ich, was zwangsläufig zu lustigen Missverständnissen führte. Spanischkenntnisse hatte ich so gut wie keine. Die quirlige, junge Frau sprach ebenso wenig Deutsch. Und doch konnten wir uns verständigen. Es wurden einfach Arme und Beine eingesetzt. Den Rest besorgte die Mimik. Sie begrüßte mich mit: „Ich Puri, Du?" Mir fielen Tarzan und Jane ein. „Ich Monika!" — „Oh, Monaco, do you come from?" — „I come from Mannheim." — „Mannheim? Mannheim?" Damit konnte Puri nichts anfangen. Zum Glück fiel mir Heidelbörg ein, was bei ihr wiederum wahre Begeisterungsstürme auslöste. Sie fing an zu singen: „Herze Heidelbörg verlohren!" Dort war sie schon mal und meinte, dort ist „viele verde, mui bien!" Ihr gefiel das viele Grün sehr gut. Mich interessierte, wo Puri herkam. Irgendwie musste sie wohl zwischen Marbella und Ronda wohnen.

Auf umständliche Weise erfragte ich auch, was sie denn früher gearbeitet hätte. Mit wiegenden Schaukelbewegungen sprach sie was von „twenty-five babies". Hausfrau und Mutter von 25 Kindern war unwahrscheinlich. Sie war doch noch so jung. Mein wohl etwas ungläubiger Blick brachte die junge Frau zum Lachen. „Not my babies, babies in clinica!" Jetzt war mir alles klar: Wahrscheinlich war sie früher einmal Säuglingsschwester gewesen. Wir mussten beide lachen.
Mein Magen knurrte. Kein Wunder. Vor lauter Arm hatte ich ganz vergessen, dass der Mensch essen muss. Puri brachte mir Hühnchen mit Reis und bestand darauf, mich zu füttern. Ja, ja, diese Säuglingsschwestern! Bei jedem Wort musste ich nun Spanisch lernen (Löffel, Reis, Hühnchen, Stuhl und so weiter). Behalten habe ich aber nichts. Es war auch alles ein bisschen viel gewesen heute. Um zehn Uhr abends war Schichtwechsel, was ich bedauerte. Wir, Puri und ich, hatten uns gerade angefreundet, und schon endete diese einmalige Begegnung.
Doch gleich kam eine Truppe von Schwestern und Pflegern wie ein Gewitter der Plauderei herein gestürmt. Einen Fernsehapparat hatten sie auch mitgebracht. Feurige Flamencomusik brachte mein Bett zum Schwingen. Der Schreibtisch, welcher sich auch im Zimmer befand, wurde zur Tanzfläche umfunktioniert. Und so bekam ich eine Vorstellung für mich alleine. An mein Lager gefesselt, ließ ich

das Gewitter an mir vorüberziehen.

Am nächsten Morgen kam der Chef der Station, um meinen Arm zu begutachten. Am liebsten hätte er mir an meinem rechten Arm auch noch einen Shunt gelegt, was ich aber mit Nachdruck ablehnte. Als Max mich um zehn Uhr abholte, war ich froh. Nur noch raus! Kein noch so gutes Frühstück hätte mich abhalten können.
Wir fuhren zurück nach Fuengirola. Haltestellen erinnerten an frühere Urlaubstage. Am Ziel angekommen, trat ich verschlafen wie ich war und ziemlich müde, das erste Mal in unserem Urlaubsdomizil ein. Meine Augenlider waren schwer und wollten nicht mehr offen bleiben. Erst mal eine Stunde schlafen. Der Schlafraum war klein, mit Betten zum Aus-der- Wand-Klappen. Wenn die Schlafmöglichkeit ausgeklappt war, blieb kaum noch Platz zum Laufen. Ein wenig enttäuscht war ich schon, doch wir konnten uns finanziell einfach nicht mehr leisten.

„Frau Gedönsrat", wie Gerda sich selbst nannte, wusste aus dem Jetzt und Früher Seltsames zum Besten zu geben. Die korpulente Frau aus Aachen begann mit: „Meine Schwiegermutter war eine Hexe", was mich bei dem schummrigen Kerzenlicht in gruselige Stimmung versetzte. „Als mein Sohn noch klein war", erinnerte sich Gerda, „schwebte des Abends der Geist von Männes Mutter durch den Raum, wo mein Kleiner und ich schliefen. Meine Vorahnung war richtig. Sie führte nichts Gutes im Schilde. Sie legte ihre verhexten Hände rücklings um meinen Goldschatz. Da hättet Ihr mich mal sehen müssen! Ich hatte ja keine Angst vor der Alten. Ich nahm ein Beil und verletzte die Grusel links über dem Auge. Ihr Bild verblasste, und sie verschwand." — Nicht schlecht staunte Frau Gedönsrat, als am nächsten Morgen ihre Schwiegermutter einen dicken Verband an besagter Stelle hatte. Damit die böse „Schwiegermutterhexe" dem Kleinen nichts mehr anhaben konnte, wurde er mit Pferdeblut großgezogen, was die Aachenerin jeden Morgen frisch aus der Pferdemetzgerei geholt hatte. Diese Geschichte musste sich tief in meine Phantasie eingegraben haben. Denn den ganzen Urlaub prüfte ich, ob sich nicht vielleicht unter unseren Betten oder hinter den Türen eine Hexe verborgen hielt. Ein paar Tage später besuchten wir die Rheinländer in ihrem Apartemento. Ihr „Kleiner" war zu Besuch gekommen und öffnete uns die Tür. Jetzt hatte ich keinen Zweifel mehr: Gerdas Erzählung beruhte auf Wahrheit! Ein überaus großer und kräftiger Mann ließ meinen Atem stocken. Buschige, schwarze Augenbrauen überwucherten das Weiß in seinen Augen. Hände, so groß wie Schaufeln. Um uns zu begrüßen, musste er sich nach vorne beugen, denn der obere Balken des Türrahmens verdeckte Augen und Stirn. Es war einfach überwältigend, was Pferdeblut so alles bewirken kann!

Ein Abend auf der Feria

Zunächst einmal möchte ich in etwa beschreiben, was eine solche „Feria" überhaupt ist. Das katholische Volksfest geht eine Woche lang und wandert von Ort zu Ort. Zu Ehren der Heiligen und nicht zuletzt der Mutter Maria. In Fuengirola ist es ungefähr im September. Die Einkaufsläden sind in diesen Tagen nur stundenweise geöffnet.

Mit einer Art Prozession wird dieses Fest eröffnet. Die Mädchen und Frauen machen sich zu diesem Anlass besonders hübsch. Sie Hüllen sich in prachtvolle, lange Kleider, ähnlich denen der Flamencotänzerinnen, was den rassigen Weiblichkeiten einen Hauch von Grazie und Stolz verleiht. Auf dem kirmesähnlichen, riesengroßen Platz treffen sich dann die Schönheiten mit den ebenso festlich gekleideten Seniores. Auch Pferde und Kutschen sind prachtvoll geschmückt. Im vorderen Teil des Feriageländes sind Fahrgeschäfte und Schlemmer-und Verkaufsstände, ähnlich unserer Kirmes. Alles ist nur wesentlich lauter. Eine Unterhaltung ist unmöglich. Die Lautstärke: diskomäßig!
Alkohol wird mäßig, mit Ausnahmen übermäßig genossen. Unser Gärtner (von der Ferienanlage) gehörte zu der zweiten Gattung. Juan, der eigentlich Ramon hieß, war wohl Stammgast auf der Feria. In den langen Ferianächten, die so richtig erst um

Mitternacht beginnen, muss er wohl des öfteren 'unter die Räder' gekommen sein. Jeden Tag blickte ich in ein zerschundeneres Gesicht, wie eine Landkarte, mit Kratern und Bergen. Jeden neuen Tag zierten frische Platzwunden und Beulen seinen Teint. Es war an der Zeit, dass die Feria vorüberging, denn wer weiß, wie lange dies unser Freund noch überlebt hätte.

Zum Abschluss

In meinen vielen Urlauben habe ich viele Patientenmenschen und ihre Angehörigen getroffen. Ich freue mich, dass ich Euch alle kennen gelernt habe. Max und ich haben auch viele Ausflüge unternommen, doch ich überlasse es Euch, daraus Geschichten zu machen. Und vielleicht kann ich bald mal etwas von Euch lesen!

Das Ende vom Anfang

1989 wurde ich in der der Uni-Freiburg transplantiert. Ich bekam eine neue Niere. Seit dieser Zeit sind inzwischen sechzehneinhalb Jahre vergangen. Zu diesen Jahren gibt es noch viel zu erzählen. Und ich hoffe, dass dieses nicht mein letztes Buch bleibt. Weitere Zeiten der Stürme begannen. Auch weiterhin möchte ich Mensch bleiben, obwohl ich chronisch krank bin. Das Menschsein- und bleiben ist doch, was uns

letztendlich verbindet.
Jetzt, da mein Buch ausklingt, werde ich einen Menschen in den Vordergrund rücken, welcher mir sehr viel bedeutet hat. Es handelt sich um Rita, welche Anfang und Ende dieses kleinen Werks einrahmen soll. Zunächst folgen noch ein paar Gedichtsversuche von mir. Doch dann werden Ritas kleine Romanze und nachdenkliche Gedichte uns in ihre Welt zaubern.

WER SCHREIBT DER BLEIBT!

Moni-Gedichte

Das Blatt

Schaukelt,
streckt sich dem Licht
entgegen. Es wird
wachsen, reifen
und gelb werden und
abfallen. Es ist glücklich!

11. 11 89

Tatendrang

Erst mal machen —
keinen Anfang und kein
Ende suchen.
Erst mal machen, einfach drauflos,
ohne Form zu geben.
Neurotisch ist:

„Viel denken und nichts tun."
Fange an.
Später ist Zeit um zu gestalten.
Denn nur ein(e) „Macher(in)" kann verändern!

22. 1. 95

Schenken heißt Behalten

Schenken heißt Behalten.
Behalten ist Stillstand. Stillstand
des Verzehrens. Verzehren, der
Gang zurück.
Rückwärtsgehen heißt arm werden.
Arm werden ist allein zu sein.
Allein sein heißt nichts geben können.
Schenken heißt behalten.

12. 12.91

Abschied von Rita

Leider muss ich mich heute für immer von ihr verabschieden. Es stimmt traurig, denn Abschied nehmen tut weh. Es hat lange gedauert bis zu diesem Entschluss. Doch bei mir braucht alles seine Zeit. Rita Limburg ist am 6.7.2003 um 23:40 Uhr an einer Hirnblutung gestorben.
Sie war eine Frau, den Kopf voller neuer Ideen. Eine muntere und temperamentvolle Person. Es gab aber auch Zeiten in denen Sie kraftlos und niedergeschlagen war. Ein wellenförmiges Auf und Nieder, wie es bei Dauerpatienten oftmals vorkommt.
Meine Liebe, Möglicherweise kannst Du meine Gedanken empfinden. Kann sein es gibt eine Brücke zwischen Leben und Tod. Du fehlst mir! — Wie auch vielen anderen. Wie oft haben wir unsere Erfahrungen ausgetauscht, und Erfahrungen hattest Du ja reichlich. Zuerst als Dialysepatientin, später wurdest Du dreimal transplantiert, bis die Blutwäsche dich wieder einholte. Weißt Du noch wie wir uns nannten?
„ *Die zwei Nierchen*".

Ich freue mich, dass ich Dich kennenlernen durfte. Deine schriftstellerische Arbeit war nicht umsonst. Denn Dein Schreiben lebt in unseren Gedanken weiter.

Puppe von der „Puppenmacherin" Rita Limburg

Puppe von der „Puppenmacherin" Rita Limburg

Die Gedichte von Rita Limburg

Anfang November 1983
für meinen Lieblingspfleger

Wusstest Du
dass jeder Patient hier
eine Lieblingsschwester
b.z.w Lieblingspfleger hat?
Also, mein Lieblingspfleger ist immer
G. Limburg gewesen und jetzt erst recht.

Er gefällt mir so sehr
dass es mich schon beunruhigt.
Ich muss mich zusammenreißen.

Wie es wohl wäre
würde ich mit ihm tanzen gehen
oder mit auf dem Motorrad sitzen
oder mit ihm ein Bier trinken gehen,
ihm sagen er sei ja eigentlich ganz nett
und vielleicht
dass es mich ganz schön erwischt hat!?
Ich könnte heute die ganze Welt umarmen
oder vor Freude platzen.

Die möglicherweise kunterbunte Blumenwiese

Möglicherweise weißt Du
habe ich den Beruf verfehlt.
Ich fühle mich so ungeeignet
so irgendwo zwischendrin.
Grotesk ... Mein Herz steht kurz vor der Explosion
aufgrund unterschiedlicher Gedankenwühlereien —
Kurze Unterbrechung durch Frau Annini
Küchenfee die mit Eis umgeht.
„Ich möchte Ihnen gerne sagen
was Sie für schöne Augen haben"
traue mich nicht
es ist aufdringlich, unüblich.
Mein Zustand zeigt leicht aufsteigende Tendenz
trotz meine diversen Aggressionen
mich mal wieder zu bitterem Weinen treiben.
Und ich wünsche mir so
ich wäre heute mal wieder nicht ich ...
Ich soll's dem Doktor melden.
Ich kann's ihm ersparen.
Fast unerträglich hänge ich rum
zeitverschwenderisch
ohne Bekenntnisse!??

R.L. 25. August 1983 (Während der Dialyse)

Nunmehr knie ich
vor der besagten Blumenwiese
und möchte am allerliebsten eine Blume,
eine mich besonders ansprechende
vorsichtig und liebevollst pflücken
mit nach Hause nehmen.
Ach, ich tu's nicht
umso öfters kann ich mich noch freuen
dass sie da ist ...
(Für oder auch wegen G.L.)

R.L. Anfang September 1983

Wortspiele

Ein auffälliger Zufall
ist mir zufällig aufgefallen.
Ich habe mich verhalten
verhalten,
drum sollte ich mich fernhalten.

R.L. 23.11. 84

Just Married

*Am 29. August
hat sich die Voraussagung
der alten Wahrsagerin
erfüllt.
13 Jahre ist dieses Orakel alt.
Zu schön
um wahr zu sein :
Und schöne Dinge
sind oft nur kurzlebig ...
Heute bin ich glücklich ...
Es ist mir eine Ehre ...
(Meine Heirat mit G. Limburg)*

R. L. 9. September 1985

**Hilfsbereitschaft
Zu viel Hilfe macht hilflos.
Keine Hilfe heißt laufen lernen.**
R.L.14. 11 88

Es kam so oder: Treuelos

**18 x pro Minute und keine Erklärung
außer Frau Anninis
Koffeingebräu
Ich notiere in meinem Gedankengut:
Kein Kommentar
obwohl es mich sehr wohl
reizen könnte.
Ich erlaube mir nicht
mein Spinnennetz von Gedanken
nach außen zu stülpen.
„Herr Sigmund Freud,
was meinen Sie zum Thema?"
Der alte Herr findet dies
außerordentlichkeitshalber
sehr, sehr übel.
„Na, dann verzichte ich auf Ihre Meinung!"**

Naturtankstellen

Ich mache mich mal wieder
auf den Weg zu tanken
Ich weiß
mein Kraftstoff geht bald wieder zur Neige
Ich kenne einige gute Tankstellen
Ich habe schon oft da aufgefüllt
Also zwinge ich mich

in meine alten ausgetretenen
nichtsdestotrotz außerordentlich bequemen Schuhe
und setze
meine ausgeleierte rostige verbeulte Karre (mich
selber!) in Gang
Nach anfänglichem Ächzen
und Knarren komme ich in Fahrt
Gierig sauge ich die frische Luft in mich hinein
(Tankstelle Nr. 1) nach
einer Weile
Gehens (Tankstelle Nr. 2)
werde ich
langsam offen für alle weiteren noch folgenden
Tankstellen.
An einigen Zapfsäulen bleibe ich
stehen, um
diese in mich aufzunehmen (ganz besonders
guter Treibstoff) Ich mache ein
seelisches Foto davon.
Ich merke
ich fahre' ja noch trotz des etwas
ramponierten Zustandes!
Übermütig lege ich
ein paar Extraschlenker ein
Ich tanke, tanke
bis meine Tanks und Reservekanister
randvoll sind.

Und randvoll trete ich
den Heimweg an. Mein Tank
hat ein kleines Loch und ich muß
bald wieder los zu tanken
Ich kenne da einige gute Tankstellen

R.L.18. April 1986

Mal überlegen:
Wer ist unterlegen?
Ist der Unterlegene überlegen,
kann der Überlegene nur unterlegen sein?

Rita Limburg 14. 12. 89

Gedichte von Bärbel Drynda

Unberührter Morgen
Es ist eine ganz besondre Zeit
der frühe Morgen,
der Alltag noch weit...
vom Schlaf erquickt und ohne Sorgen
fühle ich Geborgenheit.
22.11.90

Meine Schlafhaut

Es ist nicht nur der Schlafanzug, den ich
nicht ausziehen mag, obwohl die Nacht
schon weit überschritten ist.
Die Schlafhaut ist damit verbunden,
sie eint mich mit mir und der Anders-Welt.
Sie hält mich in Harmonie mit dem Früher -
und dem Jetzt-Dasein.
Die Schlafhaut mag ich nicht durchtrennen,
denn sie ist Schutz für mein Sein
im Körperlichen und Geistigen.
Meine Träume können nur in ihrem
Schutz entstehen -
…und doch entschlüpfe ich ihr täglich
 wieder ungeschützt in den Alltag.
Jedes Aufstehen eine Geburt ins Unbekannte,
jedes Schlafengehen ein Sterben des Gewesenen
und ein Ankommen in der *geschützten Heilmat.*
29. 12. 2003

Ins Ungewisse

Früh - draußen noch kalt und dunkel;
wenn ich dann aufstehen will aus
meinem warmen Bett……
es ist alls müßte ich vom Erdball den
Sprung ins Nichts, ins All wagen. -
und merke dann,
ich falle nicht, ich schwebe.
Und plötzlich kann ich mir dann
Richtung geben und sogar gehen.
Ich bin aus einer Nacht in die andre,
aus einer Wirklichkeit in
die nächste gefallen
und spüre,
es hat mir nichts gemacht.
ICH bin unbeschadet
ich habe auch an diesem Tag
wieder Wirklichkeit angenommen.

3. 12. 92

Die Brücke des Bewußtseins

es ist als ob die Zeit verflög.
Worte bleiben ungesagt zurück,
Handeln hängt im Gedankennetz.

Hoch oben gehst Du über tiefem Wasser
auf einer Brücke
rasch von Geburt zu Tod.

24.9.03

Die Sonne geht heute grell auf
ohne zu wärmen.
Manche Menschen frieren immer,
weil sie nicht geliebt werden
und sich selbst nicht lieben können.

15.5.03

Betriebsamkeit

Die Betriebsamkeit wird häufig
betrieben,
um die Betrübnis nicht zu fühlen
und um wichtig zu sein,
während du dich winzig klein
und unwichtig fühlst
im großen Weltenall.

15. 5.2003

Zwischen den Zeiten

Zwischen den Zeiten
zwischen den Welten
zwischen den Ebenen
meines Bewusstseins.
Zwischen den Ewigkeiten
zwischen den Augenblicken -
alles darf ich riechen schnuppern
fühlen
spüren ahnen sehen.
Alles kommt mir zu,
es ist Zwischenzeit,
Wartezeit, Besinnungszeit,
es ist noch Zeit
bis zur Zeitlosigkeit.

7.1.90

Kostbare Tage

Kostbare Tage
trägt jeder einzeln zu deiner Heilung bei
birgt in sich den Sinn deiner Taten
wartet nur, daß du verstehst……

traurige Freude
freut sich
glücklich
los zu lassen.

26.9.07

Zeitbewußtsein

Die Tage flüchtig aufgehäuft
wie dünne Blätter.....
Dazwischen Schicht um Schicht
das Wochenende dicker aufgetragen.
Wie gut, daß Magen, Kopf und Sinne
so schnell verdaut, was ihnen zugemutet. -

Im All gilt nur Bewegung, Tanzen, Weiterdrehn.
Das Stillestehn nicht vorgesehn.
Und füg' ich mich, tönt leis'
die innere Musik in mein Bewußtsein…...

30.11.07

Blasse Welt

Ich möchte die Welt neu anstreichen,
sie ist so blaß geworden.
Ich werde ihr eine heitere Farbe geben,
sie ist so traurig geworden.
Ich will sie kunterbunt malen,
sie ist so eintönig geworden.
Ich werde den Farben Tiefe geben,
denn die Menschen dieser Welt
sind so oberflächlich geworden.
Mit Ernsthaftigkeit will ich an mein Werk gehen,
denn die Leiden und Grausamkeiten
auf dieser Erde
lassen die Menschen
nur noch zynisch sein.

25.2.96

Sinnphonie

Die Symphonie des Lebens ist
wunderschön,
als Mensch möcht' ich so gerne
oftmals ein Wunder sehn.
Ein leichtes und ganz kleines
gibt Schwung und Mut,

was Zartes und was Feines spür´n
tut mir schon gut.

Doch auch wenn eine Schwere
mich in die Tiefe zieht,
wenn eine große Leere ergreift
mein ganz´ Gemüt,
auch dann ist es noch Musik,
die mir das Leben spielt,
auch dann weiß ich
es ist ein Teil der großen
Sinnfonie.

Die Interpretation des Lebens,
der Lebensmelodie,
hat soviel Wiederholung,
hat soviel Parodie.

Bis ich sie ganz verstehe,
die Hochs und Tiefs,
alle Instrumente sehe,
alle Rhythmen, allen Sinn,
hab' ich noch viel zu proben
für diese Symphonie,
will sie zu Ende führen
zu großer Harmonie.

15.3.88

Glück

Halte es nicht fest,
Glück ist so zerbrechlich,
auch wenn es sich tragen läßt,
es ist unbestechlich.
Mal huscht es vorbei, mal kehrt es ein,
von welcher Dauer wird es sein?

Wir suchen, wir warten ein Leben lang.
Doch sind wir bereit für solchen Empfang?

aus dem Heft Seelenlandschaft von Bärbel Drynda

Beispiele von Selbsthilfe

Auszüge aus dem Kalender 2008 für die SHG für Nierenkranke, Freunde/innen

Lieber Leser,

Jeden Tag eine neue Überraschung.
Jeder Tag soll Freude, Lustiges,
  Nachdenkliches in
    Gedichtform
      Geschichten
       Kunst
        und Fotografiertem
            in eure Herzen bringen.

   von drei Frauen:

Bärbel Drynda

Rita Limburg, verstorben, (3xtransplantiert)

   Monika Kummer (1xtransplantiert)
     und jetzt wieder Eure Mitpatientin.

      Gestaltung: ml

Mein Energie-System

Ich bin die Sonne
deren Energie-System
morgens selbständig
Tag für Tag wieder anläuft.

Eines Tages wird meine Sonne
diese Lebensbahn verlassen.
Dann wird mein Staunen groß sein,
wenn ich als Licht-Energiepünktchen
wie von selbst der Sonnenheimat
zufliege und in ihr gebettet sein werde
wie Blütenstaub in einer Blume.

All dies

Leben und Tod,
Liebe und Glück,
Tod gibt mir die Chance der Liebe zurück.
Glück ist mein Weg,
Liebe mein Steg,
das Leben die Probe zum Glück.

aus dem Heft Seelenlandschaft
von **Bärbel Drynda**

**Anruf um Mitternacht
oder Geisterstunde**

Es gibt Situationen da erlebt man
ganz bestimmte Ängste schon im voraus
um anschließend
zu erfahren:
man hat zunächst umsonst geschwitzt. Sie
sagen:
„Nur aufgehoben, nicht aufgeschoben" und:
„Wir denken an Sie" Ich verschiebe
meine Ängste
auf irgendwann ...
(Fehlalarm der Uniklinik Essen wegen einer
passenden Niere)

R.L. 5. April 1984

Not least, but last!

**Nun habe ich Nr. 3 (drei)
und sie haben mich
ganz schön verhauen.
Dazu die
„unordentlichen" Nähte
und Pausbacken
und Damenbart
und ein paar mehr kaputte Nervenzellen,
dafür die bessere Lebensqualität
voraussichtlich wahrscheinlich erst einmal …
(nach der dritten Transplantation)**

Rita Limburg   **6. Juni 1984**

Ein Affe im Regen

*Tagelang nur Regen das ist
was
ich nicht
ausstehen kann.
Ich habe Angst
es braut sich
in mir
wieder etwas zusammen ...*

*Zusätzlich zeigt mein
Spiegelbild zig Pickel auf.
Von überall grinsen sie mich
hämisch an.
Mein Sandimmunschneuzer sprießt.
Hallo,
Affe!!*

Etwas später — Ich
suche irgendetwas
in meinen
Handarbeitsheftchen.
Überall
starren mich nur
hübsche
glatte
faltenlose
gesunde
fröhliche
saubere
ausdrucksvolle selbstbewusste dynamische
schlanke
schöne
nette
Mädels an
und ich bin
ehrlich neidisch, weil ich
das alles nicht bin sondern nur
hässlich …

R. L. 16. Juli 1984

An einen Arzt

Ich mag Menschen nicht wenn sie
nie Zeit für einen haben einem nie richtig
zuhören
einen so gut wie nicht zu Wort kommen lassen
nur ihre Linie
schnurstracksgeradeaus verfolgen
heute sooo reden morgen sooo
einen überhaupt nicht ernstnehmen
sich als Herrgütter glauben
kein allzu großes
eigenständiges Denken erlauben
einen als Simulanten titulieren

Mit gar nicht hochachtungsvollen Grüßen
Ihre R. M. Noß (Limburg)

R.L. 27. Februar 1985

Viel zu oft ist

Manchmal —
hätte ich gerne
Urlaub von mir.
Wie sind die
Aussichten?
Ob ich wohl aus dem Chaos meines Kopfes
für ein paar Tage abreisen kann?
Dabei brauche ich
nicht einmal Koffer
    zu packen.

Schiffbruch

Mit meinem Schiff bin ich in einen Sturm geraten.

In den tiefen Tälern der Wellen auf Grund gelaufen.

Keine Welle um mich zu lösen aus der Meerestiefe.

Ich muss mich selbst wieder freischaufeln.

Doch immer wieder sitze ich fest.

Ein paar Mitschaufler werde ich suchen

und mit Sicherheit die gefährlichen Fluten meistern.

**Nierentransplantation
aus verschiedenen Blickwinkeln.
Heute:**

Pinkelgeschichten

Meine Nierentransplantation lag wie im letzten Heft berichtet, nun hinter mir.

Ich „zockelte," mit dem Infusionsständer und einem Gewirr von Schläuchen, wie ein Engelchen mit Flügelhemd den Gang entlang.
Viertelstündlich hatte ich wieder die gleiche Stelle erreicht. Praktisch war ich eine Stationsgefangene. Die Möglichkeit, auf große Wanderschaft zu gehen, war mächtig eingeschränkt. Begrenzt zog ich meine Runden. Ich traf auf immer den gleichen Personenkreis.
Patientenmenschen eben, welche die gleichen Erfahrungen mit Ihrem Kranksein gemacht hatten. Die einzige Abwechslung die mir in jenen Tagen begegnete, war der Schichtwechsel des Personals. Menschen in weiß und grün, welche sich bemühten, ein wenig Heiterkeit in unseren eher tristen Alltag zu bringen. Meine, mir immer wieder über den Weg laufenden freiwillig gefangenen Mitbewohner, liefen mit braunen Gefäßen, deren Volumen 2 Liter faßten, in den Gängen umher und hielten mir diese freudevoll vor die Nase. Heute waren scheinbar die Dauerpinkler unterwegs.

Auf dem Gang begegnete mir der schöne Herrmann, welcher den Blick nach oben gerichtet, zwei mal 2 Liter-Behälter in den Händen hielt. „Es laaft, es laaft isch bin bloß am renne"; meint er kundtun zu müssen.
Doch was soll mir das Nutzen?
Tröpfelnderweise laufe ich weiter im Kreis. Kreisend, meine Runden drehend, vergingen die nicht enden wollenden Tage.
Draußen schien die Sonne, Schwester Anni wußte zu berichten 30 Grad im Schatten.
„Bullenhitze"!
Und ich, viermal ums Quadrat, wartete auf den doch so ersehnten Lebenssaft. -Den Urin-.
Ob die seit Jahren versiegte Quelle sich jemals zu einem Bächlein entwickelt? Viel tat sich nicht. Was ich „schlauchmäßig" recht gut verfolgen konnte. Wirklich nicht gerade viel was meine Blase da hergab. Eine Kuh mit derlei mengenmäßigen Ertrag, würde man notschlachten. Für zwölf Tage freiwilliger Zwangskasernierung recht dürftig. Oder? Immer noch war die Trinkmenge rationiert. Zweimal wurde ich nach geglückter OP noch dialysiert. Sie müssen Geduld haben Frau Kummer, das hat Überhaupt nichts zu bedeuten....., versuchte mich die Ärzteschaft zu überzeugen. Zwei Tage später kam die Starthilfe in Form eines Diaretikums (Wassertablette).
„Dann wollen wir das Nierchen mal auf Trab bringen", meinte der Prof.! „Und wenn sie trotzdem

nicht will"? Ich zweifelte. „Jetzt sei mal nicht so skeptisch" meinte Schwester Vera in dem Sie mir über mein schon vereinzelt graues Haar strich. Ein halbes Dutzend waren sicher schon dazu gekommen. Also schluckte ich letztendlich das rundgepreßte Teil, mit samt meiner übrig gebliebenen Hoffnung hinunter.

Gespannt, mit einiger Erwartung im Hinterkopf, harrte ich der Dinge die da „laufen" sollten. Und siehe da, nun gehörte ich auch zum Kreise der plätschernden Mehrheit. Aufgenommen in der Runde der „Pinkler und Pisser", welche nichts anderes im Kopf hatten, als phantastische Gespräche über ausführliches Urinieren zu führen. Ob beim Frühstück, Mittag...... oder Abendessen, hübsche Pinkelgeschichten waren stets ein anregendes Gespräch wert. Fast bedauerte ich kein Mann zu sein. Was hätte ich nicht alles mit jenem Teil „des kleinen Unterschieds" anfangen können. Weit, hoch im Bogen u.s.w......! Dennoch war ich überglücklich, denn ich hatte ein wunderbares Geschenk bekommen. Ein funktionierendes Spenderorgan.

Welche Bedeutung es hat Urin auf ganz normale Weise abzugeben, kann, und das soll kein Vorwurf sein, nur ein nierentransplantierter Patientenmensch nachempfinden.

Wir danken den Spendern, wir danken denen welche ihr Einverständnis zur Organentnahme gaben und geben.

Über solche, und andere Themen sprechen wir in der SHG für chronisch Nierenkranker Lutherstr. 15 - 17 Mannheim- Neckarstadt.
Jeden ersten Donnerstag im Monat um 17 Uhr
Kontakttelefon: 0621 / 744118

Eure
Monika Kummer

Unmut macht Mut!

Ich habe meinen Glauben verloren.
Mein Vertrauen floss dahin, wie ein Bach welcher gerade von einer Sturmflut erfasst wurde
und einfach mitgerissen über die Ufer trat.
Wo ist der gütige Gott?
Oder-
Ist alles ein Menschenmärchen, welches uns das Sterben erleichtern soll? Mein Zweifel ist groß und bringt mich um den Verstand!
Auch mein Glauben an die Ärzte wird immer wieder zerstört. Wie viele **Fehler** soll ich eigentlich noch verzeihen?
Über welche Narben an der Seele und am Körper hinweg schauen? So als wäre nichts geschehen.

Irgendwann habe ich noch an das Gute
im Menschen geglaubt. Meine Gefühle
diesbezüglich - Tendenz abwärts.
Jede neue Enttäuschung frisst sich in meinen
„Gedankensalat" hinein, und macht diesen
ungenießbar.
Immer wieder werde ich versuchen einen Funken
Gutes im Menschen zu suchen.

Es fällt mir immer schwerer.
Zu viele Enttäuschungen sind in meinem
Leben vorüber gezogen. „Glaube ist gut —
Kontrolle ist besser" sagte ein Pfleger von
der UNI- Klinik Mannheim einmal.

Ich denke er hat tatsächlich Recht.
Auch wir sollen die Ärzte überprüfen, und darauf
achten, ob sie sich von einem auf's andere mal
widersprechen.
Wie Sie vergessen Wichtiges zu lesen.
Sich zwar entschuldigen und meinen damit wär's
erledigt, abgehakt,
ad acta gelegt und vergessen.
Für mich nicht!!!
In tiefem „Unglauben" eine Patientin mit
„Anpassungsschwierigkeiten" und das so hoffe
ich, noch recht lange!

Ohne Gruß

          Monika Kummer

Des Doktors Vortrag

Ach was machen sich die Kranken
übers Leiden so Gedanken.
Zysten-, Schrumpf- und Wandernieren,
uns geschwind durchs Hirn marschieren.
Doch bei uns kommt alles an,
dank dem Dr. Zimmermann.

Wir warten nun auf den Beginn:
Wo kommt das her, wo führt das hin?
Sind wir dann vom Wissen schlau,
werden uns're Haare grau.
Unser Hirn ist ganz zerfetzt,
was wir nicht hatten, hab'n wir jetzt.

12. 06. 1992

Der Gruppenmotzer

Gut meckern kann,
wer meistens faul,
die solchen hab'n das größte Maul.
Der Motzemenscher spricht,
das kann ich nicht, das kann ich nicht.
Ich sage Euch, die sind nicht echt,
denen ist ja gar nichts recht.
Schön können sie darüber lachen,
die Fehler soll'n die andern machen. In jeder
Gruppe gibt's auch dies,
und ich, ich find' das wirklich fies.
Wer wirklich nicht kann, dem seh' ich das an.
Für solche da wollen wir nicht ruh'n
und wirklich alles für sie tun.
Ihr andern aber seid fein still,
denn sonst passiert's, dass ich nicht will.

12. 07. 1994

Von drauß von der Stadt da komm ich her,
ich muß Euch sagen ich kann nicht mehr.
All überall in den Fensterscheiben,
seh ich munteres Preisetreiben.
Und draußen vor dem Himmelstor,
sieht mit großen Augen das Christkind hervor.
Es spricht:
Knecht Rupprecht komm zurück in den Himmel
und laß den ganzen Weihnachtsfimmel.

Winterfriede

Weihnachtszeit, stille ruhe in dir selbst.
Wenn auch schwer zu finden.
Bald schwand Jahr und Tag.
Endlichkeitsstimmung!
Inventur machend, lass hinter dir das Gestern.
Was zählt ist hier und heute.

Die Weihnachtsgans

Aus dem Ofen na wer kann's
teilen diese Weihnachtsgans.
Auseinander geht sie schwer,
da muß ein andres Messer her.
Geflügelschere, Gabel, Beil,
es will nicht ab das kleinste Teil.
Alle nun herbei da eilen, um das sture Tier zu teilen.
Tante, Onkel, Schwiegersohn,
seht nur her, da sind sie schon.
Jeder zieht an einem Ende,
fettverschmiert sind Hemd und Hände.
War das Vieh vielleicht zu alt,
inzwischen sind die Klöße kalt.
Zum Schluss, da ruft die ganze Truppe,
nächstes Jahr gibt's Linsensuppe!

■ Selbsthilfegruppe chronisch Nierenkranker feierte fünfjähriges Bestehen

„Die Gruppe gibt uns Halt, Kraft und Mut" äußert sich begeistert Hannelore Wolf, deren Mann, Günther Wolf, seit vier Jahren mit einer Spenderniere lebt. Beide besuchen seit diesem Zeitpunkt regelmäßig die Selbsthilfegruppe chronisch Nierenkranker, die sich einmal monatlich, jeweils am 1. Donnerstag um 18.00 Uhr, im Bürgerhaus Neckarstadt-West trifft. Die Mitglieder, Betroffene und ihre Angehörigen, tauschen Erfahrungen aus, reden über ihre Ängste und Gefühle - die Last mit der Krankheit zu leben. Wichtig für alle - das Wissen, ich bin nicht allein. Ausflüge, Vorträge und kleine Feiern, schweißen die Gemeinschaft zusammen. Gegründet wurde die Selbsthilfegruppe 1991 von Monika Kummer, die leidvoll erfahren hat, was es heißt, chronisch nierenkrank zu sein. Schon als Baby im Alter von 6 Monaten wurde ihr eine Niere entfernt. Als die Ärzte ihr mit 25 Jahren eröffneten, dass die zweite Niere fast nicht mehr sichtbar sei, war ihr Entsetzen groß. „Wie gerne hätte ich mit einem, ebenfalls von dieser Krankheit betroffenen, geredet, gefragt, wie man mit der Dialyse lebt, ob das Leben überhaupt noch lebenswert ist." Sie blieb auf sich alleine gestellt. Neun Jahre Dialyse folgten. Mit 37 Jahren bekam sie eine Spenderniere, die ihr schrittweise zu einem fast normalen Leben verhalf. So entschloss sie sich, aus ihren Erfahrungen Konsequenzen zu ziehen. Sie rief die erste Selbsthilfegruppe chronisch Nierenkranker in Mannheim ins Leben. Deren fünfjähriges Bestehen wurde am 2. Mai im Bürgerhaus Neckarstadt-West mit einer kleinen Feier gewürdigt. Urkunden gab es für die sechs Gründungsmitglieder, die alle- samt noch dabei sind. Und einen echten Geldbaum für Monika Kummer als Dank für ihren Einsatz. Stellvertreter Manfred Eisenhauer freute sich mit ihr. Bei Kaffee, Kuchen, Braten und selbstgemachten Salaten blieb man bis spät in den Abend zusammen. Wer sich für die Selbsthilfegruppe interessiert, kann sich gerne an Monika Kummer, Tel. (06 21) 74 41 18 wenden.

S. B.

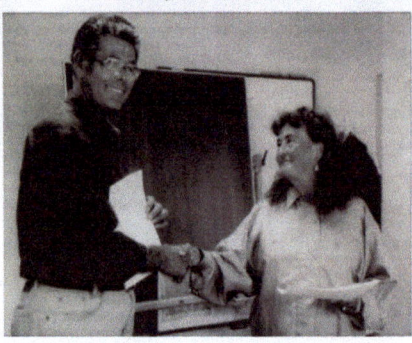

SHG chronisch Nierenkranke

hiermit möchte ich obengenannte Selbsthilfegruppe
Ihnen lieber Leser vorstellen.
Im Frühjahr 1991 habe ich. Monika K. die Gruppe gegründet.
Es fanden folgende Aktivitäten statt

- Weihnachtsfeiern und Jahresfeste
- in verschiedenen Jahren einen Infostand auf dem Weihnachtsmarkt
- Stände an verschiedenen Selbsthilfegruppentagen im Stadthaus
- Ärztliche Vorträge
- einen Kochkurs für kaliumarme Kost
- verschiedene Ausflüge
- eine Reihe von Abenden unter psychologischer Leitung
- ein Erste Hilfe Kurs beim Roten Kreuz

Sie können über das Bürgerhaus mit uns Kontakt aufnehmen.
Eine Minibibliothek mit Fachliteratur steht den Teilnehmern der Gruppe zur Verfügung.

Zu uns können   Dialysepatienten

Prä Dialysepatienten (vor der Dialysebehandlung stehend)

Transplantierte

Angehörige und Freunde kommen.

Unsere Gruppe trifft sich jeden ersten Donnerstag im Monat um 17 Uhr.

Wir planen auch in Zukunft verschiedene Aktivitäten.

Es grüßt Sie Monika K.

Schlusswort

Vielleicht konnte ich ein wenig Freude, Kraft und Hoffnung in den Tagen
vor der Jahreswende in Ihren (Euren) Alltag zaubern.
Denn gerade um die Weihnachtszeit kommen trübe Gedanken wieder, und langsam geht ein Jahr zur Neige.

Was wird es bringen?

Für das nächste Jahr wünsche ich alles Gute.

Ein paar Leitsätze sollen Euch in den kommenden zwölf Monaten begleiten:

- Lebensfreude steht an erster Stelle!

- Jeden Tag geht die Sonne auf, auch

- wenn wir sie nicht immer sehen.

- Du bist nicht allein!

In Verbundenheit   Eure Leidensgenossin
Monika Kummer

Ausdrucksmöglichkeiten als Selbsthilfe

Tagebuch-Auszug von Bärbel Drynda, Ende November 2008:

"Anruf von Monika aus Mannheim. Sie erfindet eben einen Adventskalender besonderer Art, den sie mit ihrem Partner herstellt. Ein Ausgleich zu allen Sorgen wie schmerzendes entzündetes Bein. Es hätte damit zu tun, daß sie wie die meisten Dialysepatienten Arterienverkalkung habe und einen Pfropf im Bein, schon wochenlang. Dies sollte operativ entfernt werden, da sie aber Heparin und ein anderes blutauflösendes Mittel nicht verträgt sondern schwere Allergie bekommt, konnte diese OP nicht durchgeführt werden.
Ich kenne keinen Menschen, der soviel herumdoktert, bei Ärzten, in Krankenhäusern ist, wie Moni. Und diese Weiche wurde schon gestellt in ihrer Säuglingszeit, als sie monatelang im Krankenhaus war, und als sie dann zuhaus war, mußte ihre Mutter einen weißen Kittel anziehen, sonst hat sie (das Baby) nur geschrien.
Moni hatte über 18 Jahre eine transplantierte Niere, war vorher an der Dialyse und muß jetzt wieder 3 x pro Woche. Außerdem hat sie schon seit einigen Jahren einen künstlichen Darmausgang, daneben einen Bruch und muß ein großes Bruchband tragen. Vor einigen Jahren bekam sie dann noch einen Herzschrittmacher eingesetzt. Zwischendurch hatte

sie auch mal eine Hauttransplantation, weil sie eine nichtheilende Hautwunde hatte, hervorgerufen durch einen Pfleger/Zivi, der sie in eine andere Abteilung fuhr und dabei (an einen Türrahmen) anstieß.

Ich kenne auch keinen Menschen, der all dies so normal hinnimmt wie Monika. Sie ist sozusagen regelrecht in ihrem Element, und in manchen Dingen hat sie ein spezialisierteres Wissen als manche Ärzte. - Sie mußte auch jetzt vor der abgeblasenen OP die Ärzte darauf aufmerksam machen, daß Heparin für sie gefährlich ist, sie hatten die Spritze schon aufgezogen und den Hinweis, der wohl auch unterstrichen war, nicht gelesen.
Also Monika ist ein Phänomen, schon viele Male 'dem Tod von der Schippe gesprungen'. Und was sie jetzt hat im Bein kann ja auch zu einer Embolie führen, bzw. zu solcher Verstopfung, daß das Bein abgenommen werden müßte. Ich wünsche ihr, daß sie nochmal ein anderes, verträglicheres Mittel gegen Blutgerinnung finden.

Dieser ganzen Beschwerden nicht genug, sind auch noch ihre beiden über 80jährigen Eltern krank. Die Mutter so stark, daß sie, seit ca. 5 J. erblindet, an Krebs leidend, wohl nicht mehr lange leben wird, wie Moni meint. Der Vater, etwas verwirrt, nicht fähig, sich allein zu versorgen. "

Krankenhaus - was für 'ne Laus
haben die sich in den Pelz gesetzt?

Schlägst du um dich,
weil du durch die viele Medizin
aus dem Ruder läufst,
wirst du halt mit Dekubitus
im nassen Bett liegengelassen.
Willst du nach der OP tagelang
nichts essen, bekommst du eher
zufällig mal eine Infusion,
deine Medikamente fallen eben aus.
Du bekommst Morphiumpflaster,
am 23.2. eines auf den Rücken,
am 24.2. eines über der Brust.
Ist das zu viel und du tobst,
bekommst du noch ein paar Tropfen Haldol.
Dann fühlst du dich absolut wohl!?
Du möchtest weg, raus, aus maus.
„*ich seh' das Grab, wenn ich hier nicht rauskomm',*
nimm mich mit!
Es passiert was!"

Es passiert eben viel zu wenig!
Das Tablett mit dem Mittagessen steht
um halb sechs immer noch da.
Der Spätdienst machte erst das nasse Bett frisch
nach wiederholtem Klingeln, - gewaschen,
gekämmt, gecremt habe *ich* sie.

Mi. 25.Febr.2009

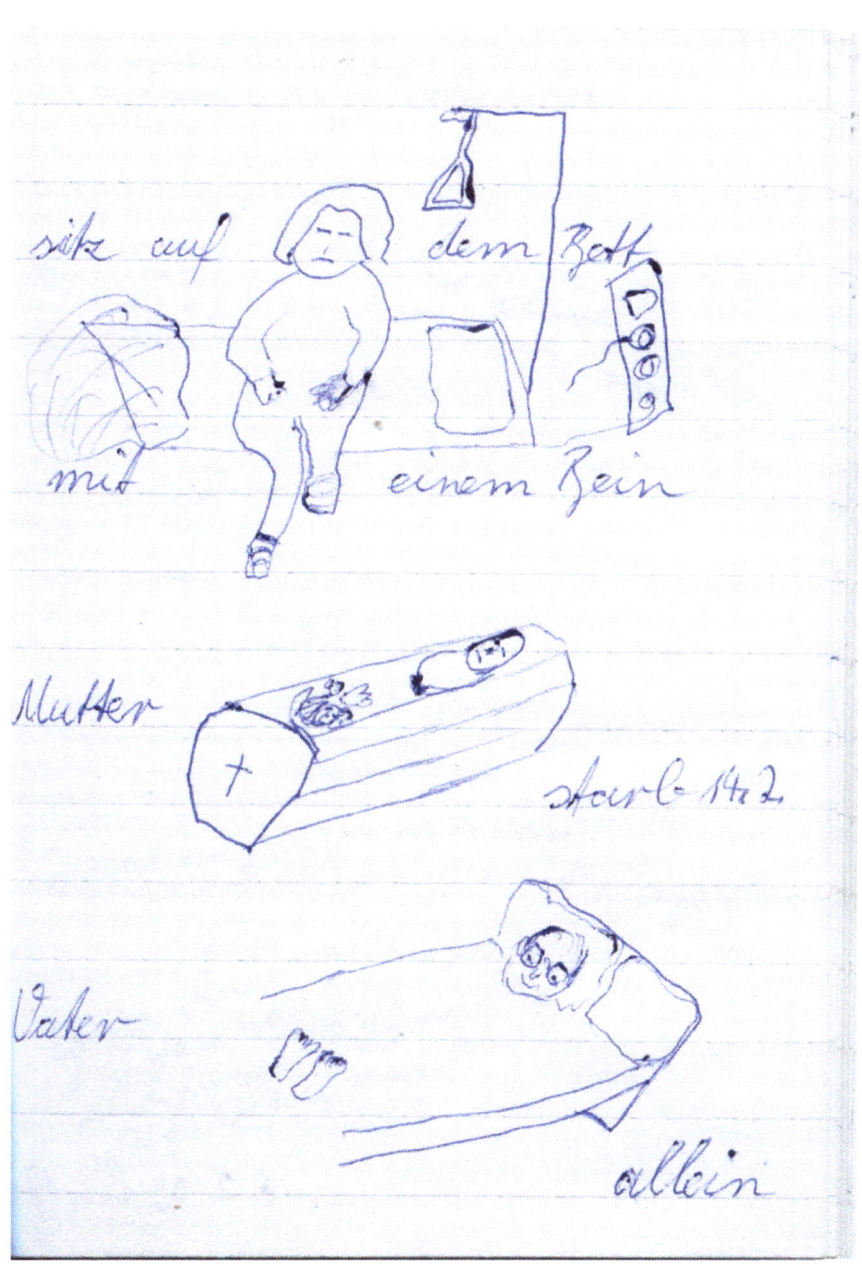

wie? so fragt das Leben,

„willst Du noch?"

„Ja, so ein klein wenig,

auch wenn ich nie mehr

gehen kann..."

Das Leben sagt,

„dann beeilen wir uns,

du heilst

und ich zaubere den

Frühling herbei!"

Bärbel Drynda											1.März2009

Nachwort

Krankheit verwandelt das Bewusstsein eines Menschen. Gibt Anstoß zu innerem Wachstum, kann Anlass für grundlegende innere wie äußere Veränderung des Lebens und der bisherigen Lebensführung sein.
Ich kenne Menschen, die im Zustand des Krankseins neu beschlossen, ob und wie sie weiterleben wollten. Mancher Mensch wird durch die Ereignisse von Krankheit wie ein roher Diamant geschliffen und entwickelt innere Stärke und Leuchtkraft, die Staunen machen.
Monika war solch ein Mensch. Sie kämpfte sich durch alles hindurch, was sich ihrem Lebenshunger entgegenstellte. *Im Leben bleiben* - bis zum Tod – war ihr gewähltes Motto, das sie auch gerne weitergab.
Monika Kummer schrieb aus einem inneren Bedürfnis heraus über einige Jahre ihres *Lebens mit Krankheit.* Sie wollte es sowohl vielen chronisch Kranken widmen, die in ihrer schwierigen Situation oft keine Worte mehr finden, und auch den Gesunden. Später fehlten wohl auch ihr die Worte, denn trotz ihres starken Wunsches weiter zu schreiben, gelang es ihr nicht mehr.
Seit sie 1989 transplantiert war, entwickelte sie weiter ihre Hobbys und engagierte sich ebenso für

andere Nierenkranke. Mit der von ihr gegründeten Selbsthilfegruppe* für chronisch Nierenkranke feierte sie 1996 das fünfjährige Jubiläum, plante und organisierte Aktivitäten bis Mitte 2000, als sie selbst wieder viele gesundheitliche Probleme und auch Krankenhausaufenthalte hatte.

Am Sonntag 1. März 2009 besuchte ich sie vormittags in der Klinik. Ein Pfleger war schon mit ihr in dem langen Krankenhausflur unterwegs zur Dialyse wegen schlechter Blutwerte. Sie freute sich riesig, als ich unverhofft dazu kam und ihr Gesellschaft leistete. An diesem Sonntag blieb ich viele Stunden bei ihr, und als ich mich von ihr verabschiedete, schaute sie mir lange mit einem unendlich liebevollen Blick nach. Erst später verstand ich – es waren ihre letzten Stunden, die sie in vollem Bewusstsein mit mir erlebt hatte.
Freitag früh kam der Anruf ihres Partners: „sie regt sich nicht mehr, die Ärzte meinen, eine weitere OP wird sie nicht überstehen, sie wollen ihr hochdosiert Morphium geben, fragen mich, was sie machen sollen." Auch mich fragte der Arzt auf der Wachstation nach meiner Meinung mit dem Hinweis, 'wenn sie eine weitere Operation überstehen würde, wäre sie ein Pflegefall'.

*diese Gruppe besteht nicht mehr

Um den Kreislauf zu entlasten, wurde die Magensonde, mit der sie ernährt worden war, gezogen. Sie bekam weiterhin Sauerstoff und Morphium. Die Wachstation war zu unruhig für sie, abends gab man ihr ein ruhiges Zimmer im vierten Stock. Ich begleitete sie die letzten Stunden. Eine Stunde nach Mitternacht, Samstag 7.März 2009, hat Monikas Seele ihren Körper verlassen. Tot sah sie so jung aus, fast heiter. Sie wurde 54 Jahre alt.

Anmerkung: das Zusammenstellen dieses Buches führte uns vor Augen, welchen Extremsituationen Monika, aber auch wir durch ihre vielen medizinischen Eingriffe, Therapien und all die Folgeerkrankungen ausgesetzt waren. Besonders für ihren Partner, der sie in allem unterstützte, Sorgen und Ängste täglich mit ihr teilte, war es eine hohe Dauerbelastung, die er mit viel Geduld und Durchhaltewillen bewältigte.
Die Krankenhausbesuche, als die Patientin wegen des ORSA-Keimes in einem Krankenhauszimmer isoliert wurde, und wir uns bei jedem Besuch von Kopf bis Fuß in Schutzkleidung hüllen mußten, sind uns wie vieles andere noch lebhaft in Erinnerung.

Dieses Buch war somit auch für uns eine Aufarbeitung. Denn bei Durchsicht der vielen Notizen und Krankenunterlagen wurden wir von einer ganzen Palette von Gefühlen wie Zorn, Trauer, Enttäuschung, Hilflosigkeit, aber auch Trost und Dankbarkeit überrascht. Im Strudel der Ereignisse gehen diese Aspekte leicht unter.

Vielleicht konnten diese Aufzeichnungen auch bei Ihnen, den Lesenden etwas bewirken, um schwierige Situationen aus verschiedenen Blickwinkeln betrachtet leichter bewältigen zu können.

Bärbel Drynda Juni 2015

Text geschrieben von M.Kummer

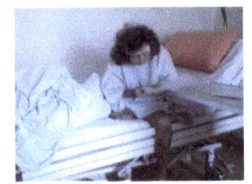

Bilder von M.Kummer

Gedichte von Bärbel, Rita und Monika.

Herausgegeben von B. Drynda

und m.l: marili@mail.de

Herstellung und Verlag:
BoD – Books on Demand,
Norderstedt
ISBN 978-3-7347-9935-8

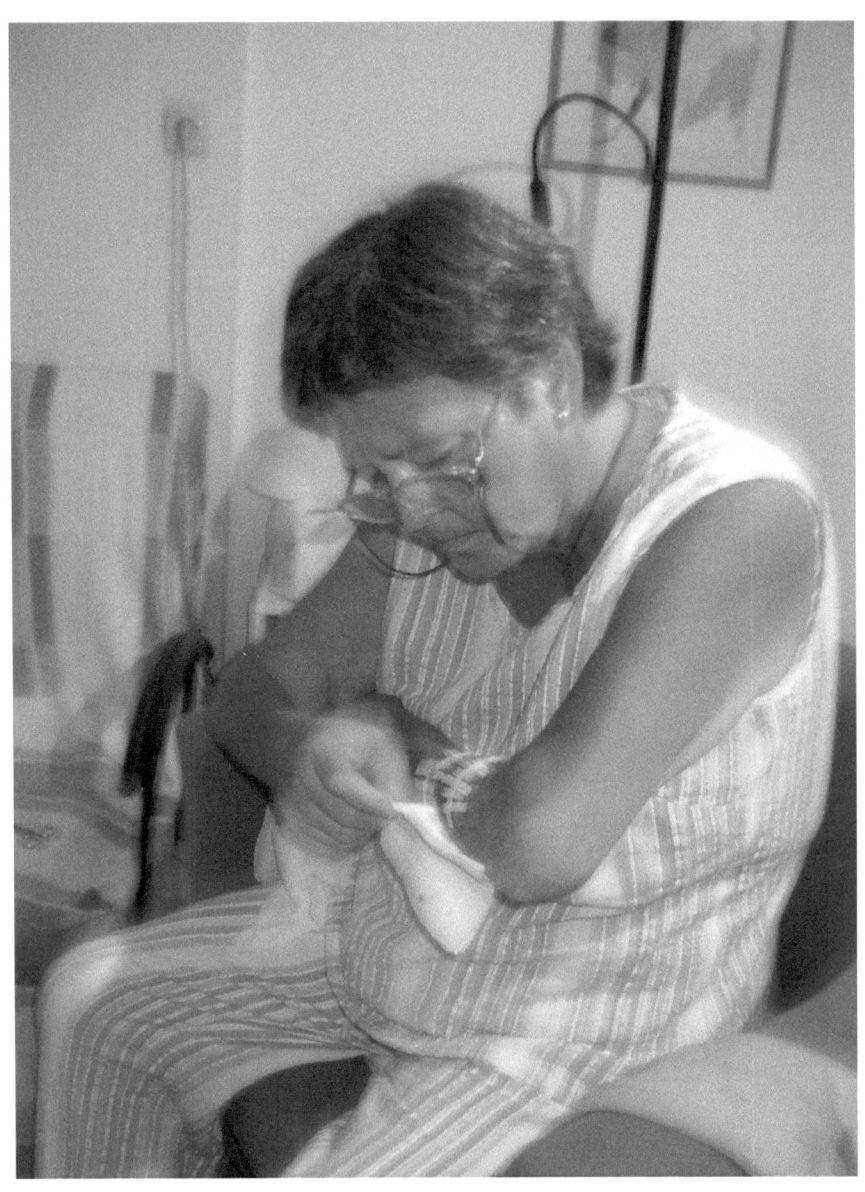